AF203180

»Wer hier nicht war, ist nur
ein halber Mensch«

»Wer hier nicht war,
ist nur ein halber Mensch«

Mit Schriftstellern durch Paris

180 Texte
von Heine bis Houellebecq
ausgewählt
von Claus Lorenzen
und mit einem Nachwort
von Rainer Moritz

Urban Sketchings
und Aquarelle aus Paris
von Anita Ulrich

Officina Ludi • Großhansdorf 2022

»Es ist das Licht, dieses zauberhafte Licht ...«
Liebeserklärungen an eine Stadt

Und da habe ich angefangen zu verstehen, was das ist: Pariser Frühling. Das ist nicht zu übertragen. Sanft ist er nicht, weich auch nicht – *doux* ist vielleicht das beste Wort. Man geht wie auf Samt. Häuser, Wolken, Türme – alles hat seine Konturen verloren – ist ganz, ganz zart und süß [...] unbeschreiblich... Es ist das Licht, dieses zauberhafte Licht, und dann noch irgend etwas. Es ist auch keine Freude; es ist einfach ein gesteigertes Lebensgefühl.

Kurt Tucholsky: Brief an Mary (1924)

Alles in dieser Stadt besitzt jene unbestimmbare Eigenschaft, von der man ohne zu zögern sagen kann: »Das ist Paris«, selbst wenn es nur eine an einer Türklinke hängende Milchkanne ist, oder einer jener großen Reisigbesen, mit denen man im Oktober, rauschend wie das Meer, das tote Laub von den Gehsteigen kehrt, oder eine Reihe abgegriffener Bände in der Bücherkiste eines Antiquars auf den Quais zwischen dem Pont-Neuf und dem Pont-Royal. Warum es so ist, weiß ich nicht, aber Paris drückt allem, was ihm gehört, seinen Stempel auf. Die Touristen sind zu zerstreut oder haben zu wenig Zeit, um es zu bemerken, aber das Herz eines wahren Parisers wird stets höher schlagen, wenn er sich fern seiner Stadt an einige Blumentöpfe auf einem Fenstersims erinnert [...] Zeigt man ihm [...] die Fotografie eines Tischs oder eines Stuhls auf dem Trottoir und den Kellner daneben, mit seiner weißen Schürze und seiner Serviette unter dem Arm , so wird er sich sagen: Das ist weder Toulouse, noch Lyon, noch Marseille, obgleich ein oberflächlicher Betrachter sich täuschen lassen könnte. Das ist Paris.

Julien Green: Paris (1983)

Es sind nicht die viertausend Raritäten der Museen und nicht die Glasfenster von Sainte Chapelle – niemand kann bestreiten, dass Berlin eine monumentale Geschäftsstadt ist, aber Paris ist das Genie einer Nation und entfaltet es in jeder Stunde. Es ist die Stadt der Künste seit den Capetingern, des Reichtums durch die bourbonischen Jahrhunderte, die Stadt Napoleons in einem glanzvollen Schein. Nichts ist vergangen, jeder hat Teil an allem; die Geschichte nimmt das Gegenwärtige auf und gibt sich ihm hin.

Gottfried Benn: Paris (1925)

Wer hier nicht war, ist nur ein halber Mensch und überhaupt kein Europäer. Es ist frei, geistig im edelsten Sinn und ironisch im herrlichsten Pathos. Jeder Chauffeur ist geistreicher als unsere Schriftsteller. Wir sind wirklich ein unglückliches Volk. Hier lächelt mich jeder an, alle Frauen, auch die ältesten, liebe ich bis zum Antrag, ich könnte weinen, wenn ich über die Seine-Brücken gehe, zum ersten Mal bin ich erschüttert von Häusern und Straßen, mit allen bin ich heimisch, obwohl wir uns fortwährend missverstehn, wenn es um Reales geht und weil wir uns so herrlich verstehn, wenn es um Nuancen geht.

Joseph Roth: Brief vom 16. Mai 1925

Worin besteht der Zauber von Paris?
In der Architektur? In der silbrigen Luft? In der Mode? In den Frauen? Im Sekt? In all dem zusammen? Nein. – Das, was die einzige Atmosphäre dieser Stadt ausmacht, ist ihre Menschlichkeit. Wenn man aus Deutschland kommt, versteht man es erst gar nicht.[...] Der Franzose ist kein Spiegelaffe – der Franzose ist ein Mensch. Und lebt sein Leben mit einer leichten Freude, mit einer Innigkeit, mit einer herzlichen Liebe zur Natur und den anderen Menschen, die wir fast vergessen haben. [...] Da ist alles viel natürlicher, viel freier – nicht gespreizt und nicht feierlich oder prätentiös aufgemacht. Es ist eine Stadt der Menschlichkeit. Und man fühlt in Paris nach einiger Zeit, wenn man gemerkt hat, dass einem keiner an den Nerven zerrt, dass alles glatt und angenehm vonstatten geht, dass das Dasein gleitet und nicht hakt – man empfindet, wie einfach im Grunde das Leben ist.

Kurt Tucholsky: Das menschliche Paris (1924)

In Paris bin ich sehr gern. Wie es Leute hat geben können, die nicht gern hier waren, begreife ich nicht, ich möchte mich jahrelang, ja ein Leben lang hier aufhalten und denke nur mit Entsetzen daran, dass ich wieder werde scheiden müssen. Es ist doch ein ganz anderer Strom, auf dem man segelt, und zu einem guten Schiff gehört ein ordentliches Wasser. Ich bin kein Enthusiast für die Franzosen, es liegt manches in ihrem National-Charakter, das mir widerstrebt und ewig widerstreben wird, aber dass sie sich das Leben zu bereiten verstehen und dass ihre Geschichte sich verleiblicht hat, dass sie aus den Büchern auf die Straße hinüberspaziert ist, das greift sich mit Händen und niemand kann es besser empfinden als ein Deutscher.

Friedrich Hebbel: Brief an Julius Campe (1843)

Was mir am besten an diesem Pariser Volke gefiel, das war sein höfliches Wesen und sein vornehmes Ansehen. Süßer Ananasduft der Höflichkeit! Wie wohltätig erquicktest du meine kranke Seele, die in Deutschland so viel Tabaksqualm, Sauerkrautsgeruch und Grobheit eingeschluckt! Wie Rossinische Melodien erklangen in meinem Ohr die artigen Entschuldigungsreden eines Franzosen, der am Tage meiner Ankunft, mich auf der Straße nur leise gestoßen hatte. Ich erschrak fast vor solcher süßen Höflichkeit, ich, der ich an deutsch-flegelhaften Rippenstößen ohne Entschuldigung gewöhnt war. Während der ersten Woche meines Aufenthalts in Paris suchte ich vorsätzlich einigemal gestoßen zu werden, bloß um mich an dieser Musik der Entschuldigungsreden zu erfreuen.

Heinrich Heine: Florentinische Nächte (1836)

Ich gebe gern und ohne Umschweife zu, dass andre Städte mancherlei Vorteile bieten, dass die Straßen anderswo sauberer, die Wohnungen geräumiger und die Klosetts hygienischer sind und auch andere soziale Einrichtungen von allgemeinerer und größerer Bedeutung sich durch ihre Vortrefflichkeit auszeichnen. Aber in Paris liegt über den Dächern, über dem Arc de Triomphe und über den Bäumen auf den Kais ein so feiner silberdurchglitzerter Duft, die Menge in den Straßen ist nicht griesgrämig und nicht eintönig grau, alles hat Hintergrund und Tiefe, Fülle und Farbe, und an jeder Straßenecke sitzt verführerisch das Leben und bietet dir seinen Strauß.

Theodor Wolff: Pariser Tagebuch (1908)

Wie weit lag die Zeit zurück, da wir Paris wie ein schönes, aber sündhaftes Frauenzimmer liebten – trotz seiner Laster und Schwächen […] Später empfindet man es anders, man kennt ein stolzes, selbstzufriedenes Paris und versucht, es zu demütigen, man gewahrt ein trauriges, verkommenes Paris, von dem man sich beschämt abwendet, weil man nicht glauben will, dass das Altwerden eine so würdelose und schmutzige Sache ist – und schließlich entdeckt man auch ein kindliches, zutrauliches Paris, das an große Gefühle glaubt und die Prahlerei mit dem Opfermut mühelos zu vereinigen weiß. Das ist die Stadt der Aufstände, aber auch die Stadt der Liebesschwüre. Sie haben Barrikaden gebaut und sind auf ihnen gefallen, sie haben Fahnen getragen und Reden gehalten, sie haben geschwatzt und haben gekämpft, Männer und Frauen. Aber sie haben sich auch geliebt bis zum Mord, bis zur Seligkeit und Verzweiflung […]

Friedrich Sieburg: Unsere schönsten Jahre (1950)

Paris ist [...] immer noch das alte Paris, die schöne Zauberstadt, die dem Jüngling so holdselig lächelt, den Mann so gewaltig begeistert und den Greis so sanft tröstet. [...] Abgerechnet die schönen Landschaften und den liebenswürdigen Sinn des Volks im allgemeinen, so ist Frankreich ganz öde, alles, was sich in der Provinz auszeichnet, wandert früh nach der Hauptstadt, dem Foyer alles Lichts und alles Glanzes. Frankreich sieht aus wie ein Garten, wo man alle schönsten Blumen gepflückt, um sie zu einem Strauße zu verbinden, und dieser Strauß heißt Paris.

Heinrich Heine: Französische Zustände (1832)

Ich persönlich würde alles geben, was ich habe – außer dem, was es mir gegeben hat –, um wieder in dem Paris sein zu können, wie es war, und an einem Bistrottisch zu sitzen, der die gusseisernen Beine im Sägemehl der Schneckenkörbe stehen hat, mit dieser schlechtgebügelten billigen Baumwolltischdecke, die breit über mein bestes Cape fällt – dieser Tischdecke mit dem verkrumpelten Saum, die durchtränkt ist vom Burgunder des Vortags –, eine Karaffe vin ordinaire vor mir, eine ovale Platte mit salade de tomates, eine Schale Kressesuppe, ein blanquette de veau, grüne Mandeln –, was auch immer [...]

Djuna Barnes: Klagelied auf das linke Ufer (1941)

London lernst du am besten vom Omnibusdach herab, Paris aber am Tischchen eines Boulevardcafés sitzend kennen. Setze dich und sperre Augen und Ohren auf, falls du solche in deinem Kopf hast.

Arthur Holitscher: Der Narrenführer (1925)

Der erste Eindruck von Paris... Aber dergleichen lässt sich wohl nicht beschreiben; es wäre, als ob man versuchen wollte, die erste Begegnung mit dem Menschen zu analysieren, den man lang und leidenschaftlich lieben wird. Freilich, ich kam nach Paris mit einer Art von vorgefasstem Enthusiasmus, entschlossen, alles herrlich zu finden. Aber dieses günstige Vorurteil hätte ja in die bitterste Enttäuschung umschlagen können, wenn Paris eben enttäuschend wäre. Indessen fand ich die Wirklichkeit noch zauberhafter, als ich sie mir in meinen kühnsten Träumen vorgestellt hatte. Nicht, als ob dieser erste Pariser Aufenthalt reich an sensationellen Erlebnissen gewesen wäre! Ich verliebte mich in eine Stadt – das ist alles; in eine Stadt mit ihren Gerüchen, Farben und Geräuschen, mit ihren königlichen Perspektiven und stillen Winkeln, mit ihrem Rhythmus, ihrer Melodie, ja, und mit ihrem Licht... Es war wohl dies vor allem, das Licht, was mich von Anfang an kaptivierte. Die Atmosphäre dieser Stadt, der lieblich-diskrete Himmel von Paris scheint durchaus angepasst dem Geschmack, dem Stilgesetz einer reifen und raffinierten Zivilisation.

Klaus Mann: Der Wendepunkt (1942)

Paris ist eine graue, verregnete Stadt, doch wenn der Frühling kommt, füllen sich die Terrassen, und die Straßensänger scheinen aus allen Ritzen zu kriechen, um *La vie en rose* zu singen; die Stadt verwandelt sich in den besten Ort der Welt, um glücklich zu sein, da mag man sich noch so sehr sträuben und ein Leben in Schwarz vorziehen.

Enrique Vila-Matas: Paris hat kein Ende (2003)

Die meisten Menschen hören und sehen sich einen Rausch, wenn sie zum ersten Male diese Weltstadt besuchen; und ich muss gestehen, dass auch ich trotz meiner Anstrengung nicht ganz nüchtern blieb. Der Eindruck, der Paris auf mich hervorbrachte, war ein überaus gewaltiger, ein unbeschreiblicher. Es sind nicht jene herrlichen Bauten, in denen die großartigen Szenen der Weltgeschichte gespielt wurden; es sind nicht die kolossalen Monumente von Erz und Stein, die diesen gewaltigen Eindruck auf mich hervorbrachten: es ist das bewegte Leben und Treiben, es sind tausend Einzelheiten, die mich bewältigten.

Ludwig Kalisch: Paris und London (1851)

Nirgends und nirgends hat man die naive und zugleich wunderbar weise Unbekümmertheit des Daseins beglückter empfinden können als in Paris, wo sie durch Schönheit der Formen, durch Milde des Klimas, durch Reichtum und Tradition glorreich bestätigt war. Jeder von uns jungen Menschen nahm ein Teil dieser Leichtigkeit in sich auf und tat dadurch sein eigenes Teil hinzu; Chinesen und Skandinavier, Spanier und Griechen, Brasilianer und Kanadier, jeder fühlte sich an der Seine zuhause. Es gab keinen Zwang, man konnte sprechen, denken, lachen, schimpfen wie man wollte, jeder lebte, wie es ihm gefiel, gesellig oder allein, verschwenderisch oder sparsam, luxuriös oder bohèmehaft, es war für jede Sonderheit Raum und gesorgt für alle Möglichkeiten.

Stefan Zweig: Die Welt von Gestern (1944)

Wer Paris wirklich kennt, wer dort gelebt, studiert, geliebt, gearbeitet, gedacht, gestrebt, gelitten, vielleicht gehungert hat, wird schwören, Paris sei eine harte, eine böse Stadt. Ihre Dichter haben sie geliebt oder verflucht. Aber die zwanzig bunten Arrondissements, eingezwängt in den Gürtel der alten Festungswälle, die achtundfünfzig geschleiften oder noch zu bewundernden Kasemattentore, die den Endstationen der Untergrundbahn die alten Namen und noch immer die Puccini-Phantasie, die romatische Opernkulisse der Bannmeile geben, die zwanzig grellen Farbschuppen erinnern an eine blinkende, lockende Austernschale, in deren Mitte zwei schöne Perlen liegen, die Île de la Cité und die Île Saint-Louis.

Wolfgang Koeppen: Reisen nach Frankreich (1961)

Paris ist die Stadt in Europa, in der die Orientierung am leichtesten fällt, auch darüber sind sich alle einig. »Und sei es nur eures Eiffelturms wegen, den man von jedem Punkt der Stadt aus sehen kann. Außerdem die Seine, von wo die meisten der großen Avenuen abgehen. Und die Métro, deren Pläne, was Sie vielleicht nicht wissen, von solch einer Genauigkeit sind, dass es schon böser Absicht bedürfte, sich zu verfahren.« Es ist teuer, sagen sie alle, wahnsinnig teuer, aber bei ihrer Abreise wollen sie alle eines Tages zurückkehren.

Marguerite Duras: Tourismus in Paris 1957 (1984)

Unvergessliches, gefallenes Paris! Wer hat es nicht für irgendetwas geliebt, das ihm keine andere Stadt bieten konnte! Was das nur war? Waren es die Jardins du Luxembourg mit den granitenen Königinnen, deren ausgestreckte Arme den Tauben als Sitzstangen dienten, mit den Kindern, die unter schnurgerade aufgereihten Bäumen spielten [...]? Waren es die in Vergessenheit geratenen Bistrots, an die sich immerhin Taxifahrer und Spatzen erinnerten? War es das Grabmal Napoleons, das den kleinen Körper in einem riesigen Sarg beherbergte wie ein stummes Klavier? Der cirque und die Jahrmärkte, die Bücherstände und antiquaires? Die verrückten und nervenaufreibenden Straßen, die unvergleichlichen Kathedralen und kleinen Kirchen? [...] Oder die Champs-Élysées, die Couturiers und Parfumiers, der Blumenmarkt und der Vogelmarkt? Das alles eng verwoben mit der Zeit, einer Zeit, die als Tabak, Schokolade und Wein in die Nase stieg?

Djuna Barnes: Klagelied auf das linke Ufer (1941)

12/13

Solange die Menschen nicht aufhören, für ihre Unabhängigkeit von dem sozialen Zwang, in dem sie leben, zu kämpfen, solange sie bestrebt sind, die tägliche Pflicht nicht zu Sklaverei werden zu lassen, solange sie darauf bestehen, der Zweckmäßigkeit der sie umgebenden Welt ihre Persönlichkeit, ihr Menschentum entgegenzusetzen, solange wird Paris ein Wallfahrtsort bleiben. [...] Paris ist eine versöhnliche Stadt, da sie von einem Geist beseelt ist, der die schroffe Trennung zwischen Arbeit und Muße, zwischen Pflicht und Genuss, zwischen kollektiven Forderungen und persönlicher Entfaltung noch nicht kennt. Die Härten des Lebens sind hier geglättet, die sozialen Gegensätze klaffen nicht so anklagend wie in anderen Großstädten.

Friedrich Sieburg: Gott in Frankreich? (1929)

Paris, ich schlürfe dich in mich ein wie eine Auster. Ich pölze mein mauerrissiges Selbstbewusstsein mit deinen grandiosen Stützbalken, Paris! Ich. Ich. Ich. Ich. Ich siege über dich wie der Floh über den Menschen. Irgendwo setze ich mich an und sauge. Die Stelle ist gleichgiltig.

Peter Altenberg: Nach Paris, nach Paris (1901)

Es scheint mir unmöglich, dass jemand mittelmäßigen Geistes ist, wenn er auf den Quais von Paris großgeworden ist, den Louvre und die Tuilerien vor Augen, im Angesicht dieses glorreichen Stromes, der zwischen den Türmen, Türmchen und Turmspitzen des alten Paris hindurchfließt.

Anatole France (ca. 1908)

Wahrhaft überraschte mich die Menge von geputzten Leuten, die sehr geschmackvoll gekleidet waren wie Bilder eines Modejournals. Dann imponierte mir, dass sie alle französisch sprachen, was bei uns ein Kennzeichen der vornehmen Welt; hier ist also das ganze Volk so vornehm wie bei uns der Adel. Die Männer waren alle so höflich, und die schönen Frauen so lächelnd. Gab mir jemand unversehens einen Stoß, ohne gleich um Verzeihung zu bitten, so konnte ich darauf wetten, dass es ein Landsmann war; und wenn irgend eine Schöne etwas allzu säuerlich aussah, so hatte sie entweder Sauerkraut gegessen, oder sie konnte Klopstock im Original lesen. Ich fand alles so amüsant, und der Himmel war so blau und die Luft so liebenswürdig, so generös, und dabei flimmerten noch hie und da die Lichter der Julisonne; die Wangen der schönen Lutezia waren noch rot von den Flammenküssen dieser Sonne, und an ihrer Brust war noch nicht ganz verwelkt der bräutliche Blumenstrauß. An den Straßenecken waren freilich hie und da die liberté, égalité, fraternité schon wieder abgewischt.

Heinrich Heine: Geständnisse (1854)

Und während ich im Jardin du Luxembourg sitze, lese und dazu notiere, verstehe ich plötzlich, was der merkwürdige Titel von Hemingways Buch bedeutet. In Paris zu sein und zu leben, bedeutet er, ist eine nie dagewesene, große Freude. Ich spüre diese große Freude in diesem Moment selbst, und sie ist ein so starkes Gefühl, dass ich durchatmen muss. Etwas steigt vom Herz aus hinauf durch die Brust bis zum Hals, und genau das ist die Freude, und sie ist manchmal sehr heftig, aber auch in gedämpfter Form immerzu spürbar.

Hanns-Josef Ortheil: Paris links der Seine (2017)

Der Pariser Landschaft wohnt etwas ebenso völlig Unbestimmbares inne wie dem Ausdruck eines menschlichen Gesichts. Viele Maler haben versucht, diesen Ausdruck festzuhalten, aber nur wenigen ist es gelungen, so sehr sie sich auch um Exaktheit der Beobachtung bemüht haben mögen. Es gehört eine ganz besondere Gabe dazu, einer Stadt wie Paris das, was man »Ähnlichkeit« nennt, abzugewinnen. Auf einem Bild, das man als »nicht ähnlich« bezeichnen könnte, mögen die Bäume an ihren richtigen Plätzen stehen und die Häuser mit skrupelhaftester Genauigkeit wiedergegeben sein, aber es wird ihnen etwas fehlen, und dieses Etwas ist gerade Paris, ist der Geist, der das Licht und den Schatten des Laubs auf den Steinen belebt. [...] Man kann sagen, dass Paris die Stadt der Impressionisten gewesen ist. Aber was zuallererst in der Natur der Werke dieser Maler auffällt, ist ihre ungeheure Einfachheit. Sie ist einfach wie ein Kornfeld mit Mohnblumen unter heißem Augusthimmel, einfach wie eine Lindenallee in einer Provinzstadt; und sie ist frei wie der Wind ...

Julien Green: Paris (1983)

Soviel ich auch an Frankreich auszusetzen finde, betrachte ich doch Paris stets mit liebendem Auge. Diese Stadt hat mein Herz von Jugend an besessen, und es ist mir mit ihr wie mit allen außergewöhnlichen Dingen ergangen: Je mehr andre schöne Städte ich seitdem zu sehen bekam, desto mehr zog mich die Schönheit dieser einen an und eroberte all meine Zuneigung. Ich liebe sie um ihrer selbst willen, inniger in ihrem Alltagsdasein als mit fremdem Pomp überladen. Ich liebe sie zärtlich, bis in ihre Warzen und Muttermale.

Michel de Montaigne: Eine der edelsten Zierden der Welt (1580)

Ich liebe es, auf den Terrassen der Pariser Cafés zu sitzen oder durch die Stadt zu schlendern, manchmal den ganzen Nachmittag lang, ohne bestimmtes Ziel; ich lasse mich möglichst treiben, wenn auch nicht völlig beliebig [...] Ich mag Paris, den Place de Fürstenberg, die Rue Fleurus Nr. 27, das Museum Moreau, das Grab von Tristan Tzara, die rosa Arkaden der Rue Nadja, die Bar »Au Chien qui Fume«, die blaue Fassade des Hotels »Vaché«, die Bücherstände an den Quais. [...] Ich mag alles, was es in Paris gibt, so sehr, dass diese Stadt für mich nie ein Ende hat. Ich liebe Paris, denn es gibt es dort weder Kathedralen noch Häuser von Gaudì.

Enrique Vila-Matas: Paris hat kein Ende (2003)

Der Morgen in Paris ist mit einem weichen Bleistift gezeichnet. Ein zerstäubter Rauch von Fabriken vermischt sich mit unsichtbaren Resten silberner Gaslampen und hängt über den Fronten der Häuser. In allen Städten der Welt sind es um sieben Uhr morgens die Frauen, die zuerst aus den Häusern treten: Dienstmädchen und Stenotypistinnen. In allen Städten, die Tunda bis jetzt gesehen hatte, bringen die Frauen noch eine Erinnerung von Liebe, Nacht, Betten und Träumen in die Straßen. Die Pariserinnen aber, die des Morgens die Straßen betreten, scheinen die Nacht vergessen zu haben. Sie haben die frische, neue Schminke auf Lippen und Wangen, die wunderbarerweise an eine Art Morgentau erinnert. Es sind vollkommen angezogene Frauen, es ist, als gingen sie ins Theater. Sie aber gehen mit klaren, nüchternen Augen in einen nüchternen Tag. Sie gehen schnell, mit starken Beinen, auf sicheren Füßen, die zu wissen scheinen, wie man Pflastersteine behandelt.

Joseph Roth: Flucht ohne Ende (1927)

Ich schaute über die von Treppen umarmten hängenden Parkanlagen, die schneeige Moschee, die Kuppeln der Kirche im Rücken, schaute über das Häusermeer – hinten in der dunstigen Ferne das bleckende Satellitengebiss. Aber dazwischen das Häusermeer, manchmal schien es ein Gletschermeer, eine eisig schimmernde Stalaktitenlandschaft. An anderen Tagen und zu anderen Stunden erblühte das Meer in abertausend Brechern, es waren die weißlichen ockrigen grauen Rücken, die Mauerrücken mit den schiefergrauen Dachstirnen, manchmal entstiegen sie einem violetten Gewölk wie dem Schöpfungsbad, und das Weiß, das geistigste Weiß, ein Weiß wie die Schminke des Clowns, wie China. Es war die unendliche Stadt, und ich dachte die Straßen und Plätze, ihre Namen, ich dachte das Unten der Trottoire und Märkte, die Menschen, ich dachte die im Stein flüsternden Geschichten und Geschicke dazu. Ich werde nie an dich herankommen, verstoß mich nicht, nimm mich an: Stadt, dein Gefangener.

Paul Nizon: Das Jahr der Liebe (1981)

Paris wird immer der Mittelpunkt aller meiner Wünsche bleiben. Lebe wohl, Du schöne, herrliche Stadt, die mich so gastfreundlich aufnahm! Empfange meinen wärmsten Segen! Blühe länger, als alle Städte der Welt zusammengenommen.

Friedrich Hebbel: Tagebuch (1844)

Und wenn man mich nun fraget: Was tatest du denn in Paris? so ist die Antwort, ich weidete meine Augen.

Ulrich Hegener: Auch ich war in Paris (1828)

»Paris, aufgeschlagen wie ein Buch«

Die Seine, ihre Inseln, Brücken, Kanäle und Quais

Man befand sich oberhalb jener einzigartigen, weit ausladenden Bäume, die das Ende der Insel schmückten, man sah zu seiner Linken die Île de la Cité, auf der schon die Straßenlampen leuchteten, und die Zeichnung des Flusses, der die Cité umschlingt, zurückkehrt, sie abermals packt und sich jenseits der Bäume, rechts, mit dem anderen Arm verbündet, jenem, der die Île Saint-Louis umkreist. Da stand Notre-Dame, die von der Apsisseite her so viel schöner ist als vom Platz vor der Westfassade aus, und da waren die Brücken, die zwischen den Inseln in einem seltsamen Mühlespiel von Bogen zu Bogen hüpften und dort, gegenüber, von der Cité zum rechten Ufer sprangen, und da lag Paris, Paris, aufgeschlagen wie ein Buch, dessen linke Seite, ganz in der Nähe, zu Sainte-Geneviève, zum Panthéon hinaufstieg und dessen anderes Blatt, übersät mit Drucktypen, die man zu dieser Stunde schwer entziffern konnte, bis zu dem weißen Flügel von Sacré-Cœur reichte [...]

Louis Aragon: Aurélien (1944)

Ich muss auf meinen Balkon, um das Grauwerden nicht zu versäumen. Die Brücke leuchtet schon so seltsam hell, und im Wasser ist die sanfte, seidene Bewegung [...] Von meinem hohen Posten aus ist kein Ende und Absehen. Wie eine graue Intarsie ist der Turm von Saint-Jaques in die östlichen Himmel eingelegt und dahinter das Hôtel de Ville und noch ein Turm, leise, leise. Und nach Westen hin häufen sich die Wipfel der Tuileriengärten, und zu allem hin und von allem her reicht dieser blanke, lange, lebendige Fluss, in dem alles Grau der Dinge feucht und flüssig wird, und der sich anfüllt mit dem Glanz von allem, was glänzt.

Rainer Maria Rilke: Brief an Clara Rilke (1905)

Das Seine-Ufer kam ihm wieder in den Sinn, er war neunzehn. Er war endlich in Paris und konnte es kaum glauben; er war aufs Geratewohl entlang der Lichtschneisen gegangen, die ihn durch die Stadt zu historischen Stätten führten, die er im Lexikon oder in anderen Büchern gesehen hatte, zugleich größer und auch kleiner als erwartet, die aber immer den Abbildungen entsprachen. Immer wieder kam er am Quai zur Seine zurück, um jedesmal die Überraschung neu zu erleben, jene weite Öffnung, die das ganze Blickfeld einnahm. Von einem Ende zum anderen wehte da der weite Wind ein wenig heiser herein. Immer wieder gab es Neues zu sehen, und weite Fernen entstanden über den Baumfronten. Bilder kamen wieder in ihm auf, Landschaften ganz nahe. Von unten erleuchtete grau-violette Wolken überzogen den abendlichen Himmel, im Vordergrund Ruderboote mit Ruderern im Leibchen, die sich im Wasser widerspiegelten, zur Rechten das baumbepflanzte Ufer und im Hintergrund zwei über den Fluss führende Brücken [...]

Georges-Arthur Goldschmidt: Der Ausweg (2005)

Die Buden der Quais sind fast alle geschlossen. Viele angelnde Fischer, nur wenige Clochards. Seine, Seine, was soll ich dir sagen? Im Gesang an den Mississippi heißt es »Ol' man river«, aber du bist nicht alt! Du bist jung, wie alle Flüsse, die Städte durchqueren. Unsere Städte dagegen sind schon alt bei ihrer Geburt, mit ihren grauen Gesichtern, den Furchen der Straßen und den Passanten. Die Wasser bleiben jung und haben vom Schicksal nichts zu befürchten, sie werden immer Oberwasser behalten.

Adrienne Monnier: Kleiner Spaziergang (1935)

Heute abend, wo ich auf der Brücke stehe und ins strahlende Wasser sehe, heute abend, wo ich wieder da bin und diese feine, graue Luft einatmen darf, das Brausen der Stadt höre, die Laute, die ich kenne und zutiefst fühle – heute abend lass mich dir danken. [...] Ich habe mich nicht in dir verloren – ich habe mich wiedergefunden, wenn ich mich verloren hatte. Du hast gegeben und gegeben, geliehen und verschenkt – ich war so arm. Ich bin so reich. Und nun gibt es keine Vorbehalte mehr, keine Kritik und keine Betrachtungsweisen –: da stehe ich auf der Brücke und bin wieder mitten in Paris, in unser aller Heimat. Da fließt das Wasser, da liegst du, und ich werfe mein Herz in den Fluss und tauche in dich ein und liebe dich.

Kurt Tucholsky: Dank an Frankreich (1927)

Bei den Anglern und dem Leben auf dem Fluss, den schönen Lastkähnen mit ihrem eigenen Leben an Bord, den Schleppern, die eine Reihe Lastkähne hinter sich herzogen und ihre Schornsteine zum Passieren der Brücken nach hinten klappten, den großen Platanen an der gemauerten Ufereinfassung, den Ulmen und den vereinzelten Pappeln, konnte ich mich am Fluss niemals einsam fühlen. Bei so vielen Bäumen in der Stadt konntest Du Tag für Tag den Frühling kommen sehen, bis ein warmer Wind ihn schließlich über Nacht wirklich in die Stadt brachte. Manchmal schlug ein stürmischer kalter Regen ihn wieder zurück, so dass es schien, als käme er nie und du könntest eine Jahreszeit deines Lebens einbüßen. Das war die einzige wirklich traurige Zeit in Paris, weil sie nicht der Natur entsprach.

Ernest Hemingway: Paris, ein Fest fürs Leben (1964)

Die Quais sind unverändert geblieben, sie werden jetzt noch einen Augenblick einsam daliegen, und wir können uns auf die Arme gestützt über das Geländer einer Brücke neigen, von der aus wir den noch nicht durch Menschen- und Maschinengewimmel behelligten Ausblick auf die Seine und die Altstadt haben, auf die Dämmerung und wie sie sich über dem verlassenen Fluss auflichtet, der hinzieht inmitten von Palästen, Schlössern, Tempeln und Türmen, zwischen denen ein weiter Wald in lange Reihen aufgeteilt erscheint, um sie zu schirmen und halb zu verhüllen... París de Francia, Parigi... Wenn ich fern von Dir deinen Namen flüsterte, dann dachte ich fast immer an diese Quais, diese Brücken, an die altersgefärbten Dächer des Louvre, wie sie über die Baumgipfel ragen, an diese Straße aus Licht und ruhigem Wasser und diesen tiefgelegenen Vorsprung der Altstadt ... Parigimio!

Valery Larbaud: Lob von Paris (1930)

Als poetisches Meisterwerk von Paris haben die Quais die meisten Dichter, Touristen, Photographen und Bummler der Welt entzückt. Es ist ein in seiner ganzen Länge einzigartiger Bereich, eine Art geschwungenes Band, eine Art phantastische Halbinsel, die aus der Einbildungskraft eines bezaubernden Wesens hervorgegangen zu sein scheint. Ich kenne den Spaziergang so genau, weil ich ihn hundertmal gemacht habe, und er den Wanderer vom Quai du Point-du-Jour zum Quai des Carrières in Charenton schaukelt, oder den, der mich, als ich noch ganz jung war, vom Quai d'Ivry zum Quai d'Issy-les-Moulineaux trieb, so dass ich das Gefühl habe, als machten meine Absätze eine wahre Weltreise.

Léon-Paul Fargue: Der Wanderer durch Paris (1939)

Da sind Tage, wo alles um einen licht ist, leicht, kaum angegeben in der hellen Luft und doch deutlich. Das Nächste schon hat Töne der Ferne, ist weggenommen und nur gezeigt, nicht hergereicht; und was Beziehung zur Weite hat: der Fluss, die Brücken, die langen Straßen und die Plätze, die sich verschwenden, das hat diese Weite eingenommen hinter sich, ist auf ihr gemalt wie auf Seide. Es ist nicht zu sagen, was dann ein lichtgrüner Wagen sein kann auf dem Pont-Neuf oder irgendein Rot, das nicht zu halten ist, oder auch nur ein Plakat an der Feuermauer einer perlgrauen Häusergruppe. [...] Die Bouquinisten am Quai tun ihre Kästen auf, und das frische oder vernutzte Gelb der Bücher, das violette Braun der Bände, das größere Grün einer Mappe: alles stimmt, gilt, nimmt teil und bildet eine Vollzähligkeit, in der nichts fehlt.

Rainer Maria Rilke: Die Aufzeichnungen des Malte Laurids Brigge (1910)

Es war überwältigend. Die ganze Stadt hatte auf einmal die klaren, selbstverständlichen Proportionen eines Stadtplans angenommen – eines der wunderbar schnörkellosen und hilfreichen Stadtpläne, wie sie an Touristen verkauft werden, auf denen alles so zauberhaft, bunt und niedlich aussieht wie Spielzeug und wo alles, was man kennen muss – all die berühmten »Sehenswürdigkeiten«, der Eiffelturm, die Madeleine, Notre-Dame, der Trocadéro und der Arc de Triomphe –, in leuchtenden Farben wiedergegeben wird. Ja, Paris hatte sich an diesem Morgen in ein funkelndes, reizendes, blitzendes Spielzeug verwandelt.

Thomas Wolfe: Von Zeit und Fluss (1935)

Der Blick geht an den von Menschen überlagerten Quais der Seine entlang, die Ausflugsschiffe fahren dicht an einem vorbei und beweisen, dass dieser unglaublich in sich gekehrte, stille und noble Fluss (der Fluss der Maler und Dichter) hässliche Schiffe ignoriert. Zur Linken liegen zumindest einige alte Kähne am Ufer, die aussehen, als überwinterten sie seit Ewigkeiten hier. Zur Rechten scheint sich der am Abend erleuchtete Louvre dem Fluss zuzuneigen und um Vergebung für sein stures und monotones Aussehen zu bitten. Viele Brücken konturieren den panoramatischen Blick, der Fluss dehnt sich unmerklich in die Ferne, aber man möchte nicht dorthin, keineswegs, man möchte Teil dieses großen Bildes sein und bleiben. – Und als wäre das alles nicht genug, beschirmt eine große Trauerweide die Spitze der Île. Es ist ein einzelner, kräftig gewachsener Baum, der seine Äste wie ein schützendes Dach nach beiden Seiten ausbreitet. Das an der Inselspitze ansonsten fehlende Grün schwebt so über dem Pflaster wie eine impressionistische Skizze.

Hanns-Josef Ortheil: Paris, links der Seine (2017)

Der Fluss war angeschwollen, nichts regte sich in dem gelblichen Wasser. Lastkähne waren an den Kaimauern festgemacht. Die Île de la Cité wurde in der Ferne bauchiger und trug schwer an der Kathedrale; dahinter sah man, verwischt durch Fahrt und Dunst, die Dächer von Paris, hübsch und bunt die zahllosen gedrungenen Schornsteine unter dem perlgrauen Himmel. Dunst hing über dem Fluss und ließ das Heer der Bäume und die Steine weicher erscheinen, verbarg die grässlichen Korkenziehergassen und klebte wie ein Fluch an den Männern, die unter den Brücken schliefen [...]

James Baldwin: Giovannis Zimmer (1956)

Es ist Samstagnachmittag, und dieser Samstagnachmittag unterscheidet sich von allen anderen Samstagnachmittagen und ähnelt in keiner Weise einem Montagnachmittag oder einem Donnerstagnachmittag. Während ich an diesem Tage auf die Brücke von Neuilly zufahre, an der kleinen Robinsoninsel und dem an ihrem Ende stehenden Tempel vorbei, in dem sich die kleine Statue wie ein Samenlappen in der Höhlung einer Blütenglocke ausnimmt, habe ich ein solches Heimatgefühl, dass es mir unbegreiflich erscheint, dass ich in Amerika geboren bin. Die glatte Stille des Wassers, die Fischerboote, die Eisenstangen, die das Fahrwasser abgrenzen, die tiefbordigen Schlepper mit schwerfällig ausgebuchteten Rümpfen, die schwarzen Fährboote und die glänzenden Deckstützen, der unveränderliche Himmel, der in vielen Biegungen sich hinziehende Fluss, die sich weit hinstreckenden und immer das Tal umschließenden Hügel, das ständig wechselnde und sich doch gleichbleibende Panorama, die Buntheit und Bewegung des Lebens unter dem unveränderlichen Zeichen der Trikolore, das alles ist die Geschichte der Seine, die mir im Blut liegt und in das Blut aller eingehen wird, die nach mir kommen [...]

Henry Miller: Ein Samstagnachmittag (1936)

Wir kamen zur Seine. Ruhig, den Widerschein der Gaslaternen von Brücken und Quais spiegelnd, floss die Seine dahin und umschloss mit ihren Armen die alte Cité, über deren graue gieblige Häuser die Turmstumpfe der Notre-Dame aufragen. Es war, als läge ein phantastisches Felseneiland oder ein ungeheures Geisterschiff da.

Alfred Meißner: Geschichte meines Lebens (1884)

Die in der Morgendämmerung hinter der Kathedrale von Notre-Dame aufgehende Sonne schickt ihre ersten schwachen Strahlen in die Rue de la Huchette und spiegelt sich in den Fenstern der Place Saint Michel. Einige Meter entfernt, nahezu parallel mit der kleinen Gasse, umfließt der südliche Seine-Arm die Île de la Cité, und auf seinen gelbbraunen Fluten, in deren Tiefe sich die wandernden Wolken abzeichnen, ziehen Lastkähne aus Nordfrankreich oder Belgien dahin; ihre Ziele sind Rouen oder Le Havre. Das lateinische Viertel und Cluny liegen östlich; jenseits des Flusses erheben sich die finster dreinsehende Conciergerie, das düstere, weitläufige städtische Krankenhaus Hôtel-Dieu und der Palais de Justice. Auf der Place Saint-Michel, mit ihrem tropfenden Brunnen und den steinernen Delfinen, öffnete das Café de la Gare als erstes, um den morgendlichen Kundenkreis, der mit der Untergrundbahn aus Versailles ankam, und die Arbeiter aus der Nachbarschaft zu bedienen…

Elliot Paul: Das letzte Mal in Paris (1942)

Drunten im Tal, an der hellspiegelnden Seine, rann die Sonne die Pappeln hinunter. Die Erlen rumorten wie große weiße Bienenschwärme. Jenseits des Wassers stand der riesige Gasometer, hellgrau wie das ganze Land, der Dom dieser Landschaft, und hinter ihm trugen die Wipfel des Bois de Boulogne das große Strahlen des Himmels bis dorthin, wo Paris in einem dünnen silbernen Nebel schwamm. Sacré-Cœur auf der Höhe des Montmartre schien von weißestem Zucker. Der Eiffelturm hob sich schlank und schmal aus dem Dunst, so hoch, bis er, immer spitzer in den Himmel stoßend, die klare Bläue fand und nur noch ein goldener Knauf war.

René Schickele: Meine Freundin Lo (1911)

Wen der Weltschmerz peinigt, der möge früh am Morgen in die Mitte der Seine schreiten, auf dem Pont des Arts, jener Fußgängerbrücke, die vom Louvre hinüberführt zum Institut, unter dessen gewaltiger Kuppel die alten Mitglieder der ehrwürdigen Académie française seit mehreren Jahrhunderten tagen. Mitten auf der Brücke verharre dann, wen sein Gemüt bewegt, und verweile mit dem Blick gen Osten, wenn Menschen noch nicht aus den Métroschächten der Rive Gauche über die Bohlen in die Büros der Rive Droite hasten. Dann fließt das dunkle Wasser noch glatt auf einen zu, bewegt sich wie Muskeln unter der zarten, faltenlosen Haut eines sich räkelnden jungen Mädchens. Meist strahlt einem das hellgraue Licht diffus über die Notre-Dame entgegen, lässt die Île de la Cité als Silhouette erscheinen, erkennbar nur der Turm der Conciergerie, die hohe gotische Spitze der Sainte Chapelle und drei Finger breit südlich die stumpfen Türme eben jener Notre-Dame. […] Je dunstiger die Luft, je verschwommener die Stadt, desto leichter fällt dem Fremden der Zugang zu dem, was Paris ist: sichtbare Schönheit im Vordergrund und zu ahnende Tiefe im Hintergrund, beides sich ergänzend, keineswegs ein Gegensatz.

Ulrich Wickert: Mein Paris (2014)

Die Seine floss zu Füßen einer langgezogenen Hügelkette nach Maisons-Laffitte zu wie eine ungeheure Schlange im Grünen. Rechts auf der Höhe zeichnete der Viadukt von Marly sein riesiges Profil wie eine Raupe mit langen Beinen gegen den Himmel ab, und darunter lag Marly, im dichten Gehölz versteckt. In der unermesslichen Ebene geradeaus sah man hier und da Dörfer liegen.

Guy de Maupassant: Bel-Ami (1885)

Manchmal konntest du in den Bücherständen an den Kais amerikanische Bücher finden, die gerade erst erschienen waren und sehr preisgünstig verkauft wurden. Das Restaurant Tour d'Argent hatte oben ein paar Zimmer, die damals vermietet wurden, und wer dort wohnte, bekam im Restaurant einen Rabatt, und wenn die Leute, die dort wohnten, bei der Abreise irgendwelche Bücher zurückließen, verkaufte der *valet de chambre* sie einem Stand in der Nähe, und du konntest sie bei der Inhaberin für ein paar Francs erwerben.

Ernest Hemingway: Paris, ein Fest fürs Leben (1964)

Das Wetzen, Schleifen der vielen Spaziergängerfüße auf der Brücke, den Kais. Die Menschen sprechen wenig. Die Kästen der Bouquinisten sind alle geöffnet, verursachen Klumpenbildung im Strom. Der Verkäufer steht draußen auf dem Fahrdamm, um nicht weggeschoben zu werden. Müde Familien sitzen Rücken an Rücken auf den niedrigen Doppelbänken mitten im Gedränge.

Felix Hartlaub: Dimanche – Île Saint Louis (1941)

Über den Pont Royal gehend, betritt man das andere Ufer der Seine, den Sitz der Gelehrsamkeit und der Musen, deren Apparat von einer unzähligen Menge von Antiquaren, die ihre Bücher in auf die Quais des Flusses gestellten Kasten ausgebreitet haben, feilgeboten wird. Ich hatte zu tun, dass ich schnell vorüberkam; wessen Bibliothek, wie die meinige, fast nur aus einer Lücke besteht, der nimmt jede Gelegenheit wahr, sie auszufüllen [...]

Friedrich Hebbel: Tagebuch (1843)

(Im) Montparnasse, dem Paris der Studenten und Bohèmekneipen […] hocken die verschrobensten Gelehrten und die modernsten Künstler, und all ihre Weisheit, ihre Bücher strömen hinunter zur Seine und münden – vielleicht Jahrzehnte später – in den großen Blechkasten auf den Steinrampen der Quais, wo die bouquinistes, die Schmökerverkäufer, die Buchantiquare unter freiem Himmel, ihre sonderbare Ware in unabsehbar langer Front aufgestapelt haben. Es scheint, als ob die gesamte Literatur bei diesen Strandgutsammlern des papiernen Meeres einmal durchpassierte; man kann sich ein Erotikon des Aretino angeln, wenn man Glück hat, und ein Elementarbuch für höhere deutsche Töchterschulen, wenn man Pech hat; Schund und sogenannte unsterbliche Werte wandern nebeneinander, hoch über dem stillen Strom, dem Ufer der riesigen Louvrebäude gegenüber […]

Walter Mehring: Von der Seine bis Montparnasse (1924)

Die Bücherstände an den quais wirkten beinahe feierlich in Erwartung des Wetters, das Spaziergängern erlaubte, müßig in eselsohrigen Büchern zu blättern, und Touristen mit dem unwiderstehlichen Drang erfüllte, mehr Farbdrucke in die Vereinigten Staaten oder nach Dänemark mitzunehmen, als sie sich leisten oder zuhause gebrauchen konnten. […] Jeden Morgen schienen Himmel und Sonne ein bisschen höher zu stehen, und der Fluss erstreckte sich vor uns in einem verheißungsvolleren Dunst. Jeden Tag schienen sich die Antiquare eines weiteren Kleidungsstücks entledigt zu haben, so dass ihre Gestalt laufend verblüffenden Verwandlungen unterzogen wurde.

James Baldwin: Giovannis Zimmer (1956)

Die Gegend, wo ich mich am liebsten niederlassen möchte, liegt am linken Ufer des Flusses, zwischen der Neuen und der Eintrachtsbrücke; hier hat man eine breite Straße, die Seine und die schönen Gebäude jenseits vor sich; man sieht immer was Neues; und doch verhallt das betäubende Geräusch in der großen Ausdehnung. Dies muss aber auch ein von reichen Leuten gesuchtes Quartier sein, aus dem hohen Preise zu schließen, den man für ein kleines Zimmer forderte. Auch sieht man hier, welches den Platz noch anziehender macht, einen Kupferstichkram neben dem andern stehen […]. Nur an den alten gestochenen Portraiten scheint man wenig Geschmack zu finden, wenigstens sehe ich nirgends keine zum Verkauf ausgestellt.

Ulrich Hegner: Auch ich war in Paris (1828)

Wir wohnten in einer geräumigen Dreizimmerwohnung im 29. Stock des Totem-Hochhauses, einer Art Wabenstruktur aus Beton und Glas, die auf vier riesigen Rohbetonsäulen ruhte und an diese widerlich aussehenden, aber offenbar köstlichen Pilze erinnerten, die man wohl »Morcheln« nennt. Das Totem-Hochhaus stand im Herzen des Stadtviertels Beaugrenelle, direkt gegenüber der Île aux Cygnes. Ich hasste dieses Hochhaus, und ich hasste Beaugrenelle […] Sowohl vom Wohnzimmer als auch von der Master-Suite aus ging der Blick auf die Seine und jenseits des 16. Arrondissements auf den Bois de Boulogne, den Schlosspark von Saint-Cloud und so weiter; bei schönem Wetter konnte man das Schloss Versailles sehen. Von meinem Zimmer aus hatte man direkten Blick auf das keinen Steinwurf entfernt liegende Novotel und jenseits davon den Hauptteil von Paris, aber die Aussicht interessierte mich nicht. Ich ließ die Übergardinen ständig geschlossen, ich hasste nicht nur Beaugrenelle, ich hasste ganz Paris, diese von umweltbewussten Kleinbürgern verseuchte Stadt widerte mich an […]

Michel Houellebecq: Serotonin (2019)

Besonders gern schlenderte ich nachts am Seineufer entlang, vom Pont d'Iéna, wo nackte Reiter aus blinden Augen die Sterne anstarren, zum Pont-Neuf mit seiner langen Reihe steinerner Fratzen, die hinunter ins schmutzige Wasser grimassieren. Zu Fuß gehen hilft beim Denken, und mein Geist war niemals so rege wie auf diesen Streifzügen von einem Quai zum anderen. Phantasiegespräche mit fernen Freunden beschäftigten mich stundenlang, oder Phantasiebriefe […]

Julien Green: Erinnerungen an glückliche Tage (1942)

Es herrschte eine Hitze von 33 Grad, und der Boulevard Bourdon war menschenleer. Ein wenig tiefer entrollte der durch zwei Schleusen geschlossene Kanal Saint-Martin in gerader Linie sein tintenfarbenes Band. In der Mitte lag ein bis oben hin mit Holz beladener Kahn, und am Ufer standen zwei Reihen Fässer. Jenseits des Kanals, zwischen den Häusern, die mit Baustellen abwechselten, zeichnete sich der weite, wolkenlose Himmel in tiefblauen Flächen ab, und die weißen Fassaden, die Schieferdächer, die granitenen Kais blendeten im grellen Licht der Sonne. Fernab drang dumpfer Lärm in die laue Luft; und alles schien erschlafft im sonntäglichen Müßiggang und in der Traurigkeit der Sommertage. – Zwei Männer tauchten auf. Der eine kam von der Bastille, der andere vom Jardin des Plantes [...] Als beide die Mitte des Boulevards erreicht hatten, setzten sie sich gleichzeitig auf dieselbe Bank.

Gustave Flaubert: Bouvard und Pécuchet (1880)

In Paris wohnten wir anfangs in der Rue Alibert nahe dem Canal Saint-Martin, wo einer unserer Lieblingsfilme, »Hôtel du Nord« mit der Arletty und Louis Jouvet, gedreht worden war. Unsere Berliner Kistenmöbel, den Spind und die Matratze hatten wir verkauft und suchten nun Wohnung mit wenig Gepäck. Paris war, dem August gemäß, leer. Am Canal Saint-Martin fand ich zwischen Schleusen und jeweils anders geschwungenen Brücken etwa dort eine Bank, wo Gustave Flaubert gleich zu Beginn des Romans »Bouvard und Pécuchet« seine Helden auf eine Bank gesetzt hatte, sozusagen mit erstem Satz.

Günter Grass, Beim Häuten der Zwiebel (2006)

Nachdem sie ihr Abendbrot hinuntergeschlungen haben, setzen sich die Mieter des *Hôtel du Nord* an schönen Tagen vor die Tür, um frische Luft zu schnappen. Die acht Stühle sind schnell besetzt. [...]
– Patron, einen Diabolo !
– Ein Vittel-Cassis, Mimile !
Es tut gut, nach einem langen, heißen Arbeitstag ein Gläschen auf dem Gehweg zu trinken, wenn die Sonne hinter den alten Häusern des Quai de Valmy untergegangen ist und das Geratter der Fahrzeuge allmählich dem erfrischenden Rauschen der Schleuse Platz macht. Die Straßenlaternen springen an, Verliebte umarmen sich in dem kleinen Park, alte Frauen führen ihren Hund Gassi. Die Sterne spiegeln sich im dunklen Wasser des Kanals; die Luft wird kühler, ein Windstoß trägt von den Boulevards das Gemurmel der Stadt herüber.

Eugène Dabit: Hôtel du Nord (1929)

Überall an diesem freundlichen Kai speist man besonders gern und gut, und ein jeder will es, in Bistros, in Restaurants und bei Mutter Grün nach besten Vermögen tun. Die Bäume des Kais spenden behaglichen Schatten, sie filtern das Licht, und einige berühmte Restaurants verkaufen das alte französische Glück zu teuren Preisen. Unten am Wasser ruhen die Angler und die Obdachlosen. Der giftige algerische Rotwein, das weiße Brot gibt selbst noch dem Elend in Paris zur Mittagsstunde den Anschein, dass Gott alle seine Franzosen liebt und nährt.

Wolfgang Koeppen: Reisen nach Frankreich (1961)

»Nur einmal
auf dem Buhlewar«

Die Straßen von Paris

Hannover-Süd und Franken-Nord.
Der Horizont wird kleiner.
Von Hause kommen wen'ge fort,
und in die Welt fast keiner.
Ich wünsch der Angestelltenschar
statt brandenburger Kies:
Nur einmal auf dem Buhlewar,
Nur einmal in Paris!

Kurt Tucholsky: Immer raus
mit der Mutter (Ausschnitt - 1924)

Die Bäume sind schöner in Paris als bei uns! Es scheint fast, als ob es den Bäumen, die man straßenlang pflanzt, besser bekommt, wenn man sie nicht mit Rekruten verwechselt und ein bisschen ungezwungen ansiedelt. Nicht mit dem Metermaß, auf gleichen Abstand fanatisch bedacht, und nicht mit dem Sortiertrieb: Eine Straße nichts als Linden, eine Straße nichts als Kastanien. Die Pariser Alleen sind den unseren um Wipfellängen voraus. Dazu kommt freilich noch ein Umstand, an dem die Stadt unschuldig ist: Das Pariser Klima behagt vor allem den Laubbäumen ungewöhnlich mehr als das bei uns zulande, und so legen sie ungleich mehr Freude hinsichtlich des Wachstums und der Farben an den Tag. Mein Kompagnon von der zeichnerischen Fakultät fand sich aus der nur allzu verständlichen Begeisterung kaum wieder heraus. Und wiederholt sagte er zu mir: »Hier versteht man die Malerei der Franzosen und ihre Überlegenheit erst ganz.« Und so ist es auch: Die malerische Vollkommenheit der französischen Meister beruht zum Teil auf der malerischen Vollkommenheit ihrer Umgebung.

Erich Kästner: Eine Stadt wird erobert (1929)

Avenue und rue – ? Das ist so: Eine »impasse« ist eine kleine Straße ohne Ausgang, eine Sackgasse; eine rue ist eine gewöhnliche Straße; eine avenue ist breiter als die rue, meist mit Bäumen bepflanzt, und ein Boulevard ist eine ganz breite und wichtige Straße. Also: rue de Wilhelmshöh – die Kaiser-Allee wäre eine avenue – und die Linden etwa ein Boulevard. Der Unterschied zwischen rue und avenue schwankt.

Kurt Tucholsky: Brief an Mary (1924)

... in so einer herrlich wegschwimmenden Pariser Straße, die alles enthält; ich stehe zitternd vor Erregung inmitten der Straße, die in ihren zuckrigen kreidigen Fassaden und dem von der Straße erfundenen, weil ergriffenen Himmel dazwischen mich anhimmelt; ich bin selber die Straße, ich bin ihr Träger und Trakt; ich bin das Flattern ihrer Flanken, das Blinzeln ihrer Jalousien, der schieferne, blecherne Hut ihrer Dächer, das Erröten ihrer Haut, das Schleierwerk ihrer Vergitterung, ich bin die Runzeln, alle Blessuren und Runen, ich bin alle Schattierungen und Erhellungen ihrer Mienen, ihr Antlitz, ich bin's, wenn ich's auch nicht verstehe; ich bin es und fühle es; das Schnaufen des Trottoirs zu ihren Füßen; das ganze Gerölle unter den Markisen, jedes einzelne spiegelnde Glas ihrer Läden und was dahinter ist, alles —

Paul Nizon: Das Jahr der Liebe (1981)

Er wandte sich nach der Madeleine und folgte der Flut der Menge, die erschöpft von der Hitze dahinwogte. Die großen Cafés waren bis aufs Trottoir überfüllt und zeigten weithin ihr Publikum, wie es in dem harten, grellen Licht ihrer erleuchteten Fronten allerhand Getränke zu sich nahm. Vor den Gästen standen auf runden oder viereckigen Tischchen die Gläser mit roten, gelben, grünen und braunen Flüssigkeiten, in allen Farben. Und in den Karaffen sah man die großen zylinderförmigen Eisblöcke durchsichtig funkeln, die das schöne klare Wasser kühl hielten.

Guy de Maupassant: Bel-Ami (1885)

Paris ist die Heimat des Fremden. Als Spaziergänger erwirbt man hier ein kleines Bürgerrecht. Die Straße ist hier ein Wohnraum. Und sie ist ein dauerndes Schauspiel. Oft wird es einem schwer, dies Schauspiel zu verlassen und irgendwo einzutreten. Aber dann gibt es die tausend und tausend Caféterrassen in jedem Stadtteil für Arm und Reich und alle gastlich. Von da kann man weiter dem Schauspiel der Straße zuschauen. Hier braucht man ja nicht mitzuspielen, hier macht schon das Zusehen glücklich. [...] Paris ist die Stadt der breitesten Avenuen und der engsten Gassen, ist Großstadt und Provinznest, Park und Elendsviertel. In Paris ist auch der Schmutz bunt, und Elend und Entsetzen sind schön, von einer Schönheit, die sich nicht definieren lässt. Die Maler sagen, es liegt an der Atmosphäre, an der Beleuchtung, aber das scheint mir zu ästhetisch gesagt.

Franz Hessel: Paris (ca. 1930)

Um die Étoile herumgehen, aufs Geratewohl in eine Avenue einbiegen und sich, ohne wirklich gewählt zu haben, in einer Welt befinden, die von der, in die die nächste Avenue hineintaucht, vollkommen verschieden ist. [...] Man konnte niemals im voraus wissen, ob es das verträumte Paradies der Avenue Friedland sein würde oder das Ganoven-Gewimmel der Avenue de Wagram oder die Filigranlandschaft der Avenue du Bois. Die Étoile herrscht über verschiedenartige Welten wie über Lebewesen. Welten, in die ihre Lichtarme hineintauchen. Da ist die provinzlerische Avenue Carnot und da die majestätische Geschäftswelt der Champs-Élysées. Da die Avenue Victor Hugo ...

Louis Aragon, Aurélien (1944)

Durch das breite Bett der Straße stürzt die Stadt Welle auf Welle, immer ist Sturm, hier kann niemand stehenbleiben, [...] der Stab des Polizisten, ein weißer Riesenzeigefinger, macht das Auto-Meer stocken, hastig durcheilen Kinder Israels und anderer Ahnen die sichere Furt, aus den gestauten, gedrängten Kolonnen der Pferdekräfte bellt, schreit, gröhlt es ungeduldig mit hundert Hupen, wie vom Rennstart springen die Wagen, dürfen sie wieder, los, »L'Intran!«, »Paris le soir!«, rechts sind Bäume, links sind Bäume, um die meisten windet sich metallische Wand, und auch in dem diskreten Raum, den sie umschließt, strömt das Leben ohne Unterlass, Schrift und Zeichen glühen von Dächern und Mauern, feurige Pfeile, Sterne, Räder, Trompetenstöße ins Auge, Menschenmassen, Wagenmassen [...]

Alfred Polgar: Die großen Boulevards (1924)

Die große Stadt ist ein einziges Verkehrshindernis. Sie ist unter die Räder der Entwicklung geraten, erledigt, muss verschwinden. Die große Stadt leidet in den Hauptverkehrsadern, besonders um die Stunde der Verdauung, an Kongestionen; sie wird bald an Apoplexie sterben. Man hat sie unterbohrt; die Klistierspritzen der Métro-Untergrundzüge erleichtern sie indes nur ungenügend; an den Straßenecken stauen sich alle zehn Schritte weit Autokolonnen, Omnibusparks; lebende Semaphoren in Schutzmannstracht lenken sie mit Signalen: halt, vorwärts, zurück; nützt alles nichts, die Stadt, ein lebendes Wesen, unterliegt den Gesetzen des Kreislaufs; Embolien wirken auf die Dauer tödlich auf sie wie auf den Menschen.

Arthur Holitscher: Der Narrenführer durch Paris (1925)

Ich fuhr den Boulevard Barbès hinunter, dann weiter zur Place de la République. In der dunklen Luft erschienen und verschwanden, eine nach der anderen, die runden Laternen, am fernen Himmel waren Sterne sichtbar, auf der Scheibe vor mir funkelten und rieselten, wie in einem Kaleidoskop, die mal näherkommenden, mal sich entfernenden Lichter der Autos, und ihre tanzenden, leuchtenden Linien spiegelten sich auf dem transparenten schwarzblauen Hintergrund. Im Laufe der Zeit kostete es mich immer mehr Mühe, wenigstens für einen Moment zu erfassen, wie schön diese nächtliche Verflechtung der leuchtenden Fäden war, oder die gleichmäßige Perspektive des Boulevards [...]

Gaito Gasdanow: Nächtliche Wege (1952)

Der billigste und bunteste Markt von Paris ist in der Rue Mouffetard. Noch immer eng und uneben wie in alter Zeit, schlängelt sich die altberühmte – durch den Goldfund im Keller eines abgebrochenen Hauses neu berühmt gewordene – Mouffetard unterhalb des Berges der Heiligen Genovefa vom Lateinischen Viertel in die südliche Vorstadt. Die Fülle der Menschen und Karren ist von beiden Seiten noch bedrängt durch die Auslagen der Läden. Die Erdgeschosse der Häuser verschwinden hinter Stoffballen und Gemüsehügeln. Diese Häuser hießen einst schön – in der Zeit, als sie noch keine Nummern, sondern nur Namen hatten, deren bildhafte Darstellung als Schild vorm Hause hing, zwischen schwankenden Laternen im Winde knarrte, auf Holz oder Blech an die Wand gemalt, vorspringend oder ausgehöhlt in die Mauer gemeißelt war.

Franz Hessel: Mouffetard (1930)

... hinter dem Pantheon, an der Polytechnischen Hochschule, da fängt eine Straße an, die heißt die Rue Mouffetard. Und in der können Sie einen kleinen Begriff bekommen, wie Paris einmal gewesen ist. Es ist eine ziemlich lange, sehr enge und krummgewundene Straße. Kaum, dass einmal ein Wagen durchfährt – alle Menschen gehen auf dem Damm. Und wieviel Menschen! [...] Viele Häuser sind sehr alt – und was vor allem diese Straße so anziehend macht, das ist ihr fast südliches, bewegtes und ganz und gar ungezwungenes Straßenleben, wie man es sonst hier eigentlich nicht überall sieht. Das Ganze wirkt schon ein kleines bisschen ›interessant‹ – nicht etwa, dass sich die Leute so vorkämen, die bewegen sich wie immer, bummeln da entlang, handeln, feilschen, arbeiten und schwatzen... Nein, aber wenn man aus der Straße herauskommt – oben bei der Kirche St. Médard [...], da ist wieder das normale Ansichtskarten-Paris, mit den breiten Straßen, bäumebepflanzt, den elektrischen Bahnen.

Kurt Tucholsky: Die Rue Mouffetard (1924)

»Um Paris wirklich zu sehen«, sagte Stephanie, »muss man zu Fuß gehen – zu Fuß gehen – zu Fuß gehen, falls man nicht irgendwo auf einem Gehweg an einem kleinen Cafétisch sitzt, einen Apéritiv trinkt und sich die Menschen anschaut, die vorüberlaufen, denn auch die Menschen sind ja Paris. [...] Aber eins musst Du unbedingt noch sehen, La Mouffe!« – »Was ist La Mouffe?« fragte er, weil er noch nie davon gehört hatte. – »Ein wunderbarer alter Straßenmarkt, Hunderte von Jahren alt! Ach, und die Leute erst! Und die Gesichter! Und alle streiten sie nach Leibeskräften schreiend um den Preis – das ist so ein Spaß.«

Pearl S. Buck: Die Welt voller Wunder (2013)

Ich liebte die Straßen von Paris so sehr, dass ich es nicht leid wurde umherzustreifen, vor Schaufenstern stehenzubleiben oder durch zufällig offenstehende Toreinfahrten in die geheimnisvollen Höfe zu spähen, die dahinter lagen. Die Häuser in der Rue de Lille, in der Rue du Bac, in der Rue de Varenne bezauberten mich, und bald kannte ich die Geschichte jedes einzelnen Hauses, indem ich mich vom Marquise de Rochegude führen ließ. [...] Fremde, die von einem Museum ins andere hetzen, haben keine Ahnung, was ihnen alles entgeht; wer in einer Stadt nie herumgestreunt ist oder dort seine Zeit vertan hat, kann nicht behaupten, dass er sie kennt, und Paris ist schwerer auszuloten als jede andere Stadt auf der Welt.

Julien Green, Erinnerungen an glückliche Tage (1942)

Straßen gibt es in allen Städten. Während sie aber sonstwo aus Trottoirs, Häuserreihen und leicht gewölbten Asphaltflächen bestehen, spotten sie in Paris der Zerlegung in die verschiedenen Elemente. Was immer sie seien: enge Schluchten, die in den Himmel einmünden, ausgetrocknete Flussläufe und blühende Steintäler – ihre Bestandteile sind ineinandergewachsen wie die Glieder von Lebewesen. Oft fließen die Seitenwände und Pflasterböden unmerklich zusammen, und ehe er sich's versieht, gerät der Träumende wie zu ebener Erde über senkrechte Mauern bis zu den Dächern und weiter, immer weiter ins Dickicht der Schornsteine hinein. Auf diesen Routen trieb ich mich umher und musste in jedem Passanten den Eindruck eines ziellosen Schlenderers erwecken. Und doch war ich, streng genommen, nicht ziellos. Ich glaubte ein Ziel zu haben, aber ich hatte das Ziel zu meinem Unglück vergessen.

Siegfried Kracauer: Erinnerung an eine Pariser Straße (1930)

Es begann gestern nacht, als ich bäuchlings neben Minerva auf dem Boden lag und ihr auf dem Plan von Paris die Gegenden zeigte, in denen ich einmal wohnte. Es war eine große Métro-Karte, und es war schon aufregend, die Namen der Stationen zu wiederholen. Schließlich begann ich, mit meinem Zeigefinger rasch von quartier zu quartier zu wandern, und blieb hier und da stehen, wenn ich zu einer Straße kam, deren Namen ich vergessen zu haben glaubte, einer Straße wie der Rue du Contentin zum Beispiel. Die Straße, in der ich zuletzt gewohnt hatte, konnte ich nicht finden; es war eine Sackgasse zwischen der Rue de l'Aude und der Rue Saint-Yves. Dagegen fand ich die Place Dupleix, die Place Lucien-Herr, die Rue Mouffetard (welch ein Name!) und den Quai de Jemmapes. Dort überquerte ich eine der hölzernen Brücken, die sich über den Kanal spannen, und verlor mich im Straßengewirr an der Gare de l'Est. Als ich mich wieder zurechtfand, war ich in der Rue Saint-Maur. Von dort wandte ich mich nach Norden – in Richtung Belleville und Ménilmotand. An der Porte des Lilas erlitt ich ein völliges Trauma.

Henry Miller: Land der Erinnerung (1947)

Aber dann am Morgen, die Vororte von Paris, im Morgengrauen die launische Seine (wie ein kleiner Kanal), die Boote auf dem Fluss, der aus der Stadt herausdrängende Rauch von Fabriken, dann die Gare de Lyon, und als ich auf den Boulevard Diderot hinaustrat, dachte ich beim Anblick der in alle Richtungen führenden langen Boulevards mit großen achtstöckigen überladenen Mietshäusern mit monarchischen Fassaden: »Ja, die haben sich eine *Stadt* gebaut!«

Jack Kerouac: Lonesome Traveller (1960)

Paris lässt sich mit keiner andern Stadt der Welt vergleichen. Man kann von Paris nicht sagen, dass es eine schöne Stadt sei, obgleich es die schönsten Plätze, die herrlichsten Gebäude der Welt besitzt; man kann aber auch nicht sagen, dass Paris nicht schön sei, obgleich es zum Teil aus den schmutzigsten, engsten und winkligsten Gassen besteht, die sich durch die schönsten Stadtteile winden. Paris hat neben den Boulevards, wo der Türke dem Portugiesen, der Ägypter dem Brasilianer, der Perser dem Hindu begegnet, zugleich Straßen, in die nur selten der Fuß eines Fremden sich verirrt und deren Bewohner kaum zwei Male des Jahres das Quartier verlassen. Aber in Paris sieht man die Häuser vor lauter Straßen, die Straßen vor lauter Stadt nicht. Das rege Leben nimmt so sehr die Aufmerksamkeit in Anspruch, dass man gar nicht an die Gebäude denkt, so wie man bei einem interessanten Drama die Kulissen nicht beobachtet. In anderen Städten ist es gewöhnlich umgekehrt. […] Paris ist eine Stadt, die nicht ausstudiert werden kann. Jeder Spaziergang ist hier für den Beobachter eine Entdeckungsreise.

Ludwig Kalisch: Paris und London (1851)

Das Unbehagliche der Theaterabende, das Getriebe und die Aufregung der Boulevards, das Gefühl der Heimatlosigkeit, das mich in einem Café nie verlässt, tut auf die Länge weh. Niemand scheint hier je »etwas Gutes« zu lesen. Alle Welt läuft auf den Boulevards spazieren. Das ist recht nett, eine Woche lang. Aber wie man's das ganze Leben hindurch aushalten kann, vermag nur ein Franzose zu verstehen.

Max Eyth: Wanderjahre (1878)

Von der Rue Bobillot in die Rue de la Butte aux Cailles einzubiegen (die beiden Straßen liefen auf Höhe der Place Verlaine zusammen), hieß, das Universum des gewöhnlichen Konsums zu verlassen und in eine Welt aktivistischer Creperien und alternativer Bars (die »Zeit der Kirschen« und die »Spottdrossel« lagen einander quasi gegenüber) einzutreten, durchsetzt mit fairen Bioläden und Ständen, die Piercings und Afro-Frisuren feilboten; ich hatte immer schon das Gefühl gehabt, dass die 1970er-Jahre nicht untergegangen waren, dass sie bloß den Rückzug angetreten hatten. Ein paar der Graffiti waren nicht schlecht, und ich folgte der Straße bis zum Ende und verpasste die Abzweigung zur Rue des Cinq Diamants […]

Michel Houellebecq: Serotonin (2019)

Das andere Paris umschloss den Osten, das Ansammlungsbündel von Einwanderern, Afrikanern, Arabern, Chinesen, von Arbeitern und Kleinbürgern, umfasste das System des Canal St. Martin bis zum Canal de l´Ourcq, die Viertel um strategische Punkte wie Stalingrad, République, Bastille und die Buttes Chaumont in Belleville; lange Straßenschneisen wie die der Rue des Pyrénées, die von Belleville tief in den Süden führte, die Rue Marcadet, die sich vom nördlichen Abhang von Montmartre durch die Goutte d´Or schlängelte, die Rue Alésia im Süden, die mit ihren Akazienbäumen und niedrigen Häusern den Charakter einer südlicheren Provinzstadt vorwegnahm, oder die Grands Boulevards, […] während es sich im Westen der Stadt vornehm und lautlos hinter die Mauern zurückzog.

Undine Gruenter: Pariser Libertinagen (2005)

Wir spazierten beide oft und lange durch Paris; sie kannte es ober-flächlich und schlecht. Ich zeigte ihr die wahre Stadt, nicht die, von der die Illustrierten schreiben und die in der Vorstellung der Auslän-der, die einmal im Jahr für zwei Wochen herkommen, immer gleich bleibt. Ich zeigte ihr elende Arbeiterviertel, provinzielle Straßen, weit entfernt vom Zentrum, Bauten am Stadtrand, einige Uferstraßen und den Boulevard de Sébastopol um vier Uhr morgens. Ich ent-sinne mich, mit welcher Verwunderung sie auf die Rue Saint-Louis en l'Île blickte, und tatsächlich war schwer vorstellbar, dass in dersel-ben Stadt, in der es die vom Place de l'Étoile ausgehenden Avenuen gibt, sich auch diese enge und düstere Gasse zwischen zwei Reihen unendlich alter Häuser befindet, durchdrungen vom Moder der Jahrhunderte, gegen den jegliche Zivilisation machtlos ist. Es war schon im späten Frühjahr, da erblickten wir nach der langen Kälte des Winters und nach all seinen traurigen Landschaften, ohne irgend-wohin zu fahren, ein anderes Paris: durchsichtige Nächte, fernes Abendrot über dem Montmartre und lange Reihen von Kastanien auf dem Boulevard Arago, auf den wir seltsamerweise mehrmals hintereinander stießen.

Gaito Gasdanov: Das Phantom des Alexander Wolf (1947)

Es hat immer zwei Paris gegeben: die Weltstadt, die repräsentierte, und das französische Paris für die Franzosen. Räumlich ist das nie scharf getrennt gewesen, diese beiden Elemente gehen ineinander über, verwischen sich, durchdringen sich… Und das Leben wandert in der Stadt, ununterbrochen ist es in den Jahrhunderten gewandert.

Kurt Tucholsky: Das konservative Paris (1924)

Die Boulevards gewährten wirklich einen überaus ergötzlich bunten Anblick, und ich dachte an das alte Sprüchwort: »Wenn der liebe Gott sich im Himmel langweilt, dann öffnet er das Fenster und betrachtet die Boulevards von Paris.«

Heinrich Heine: Französische Zustände (1832)

Paris, von einem Fenster unter den Dächern von Montmartre oder Montparnasse aus gesehen, am Abend. Die Lichter entlang der Seine, Dunstschleier, Herbstnebel. Es regnet. Man sieht die Stadt vom Eiffelturm bis Notre-Dame. Eindruck von gelassener Größe. Zunächst ein stilles Bild, dann das leise Dröhnen von Paris, wie eine in Schwingung geratene Geigensaite. Sehr fern das Pfeifen eines Zuges, Hupen, jedoch weich, gedämpft durch die Entfernung. Das Prasseln des Regens in einer langen Straße. Gleichartige Häuser, dunkel, mit geschlossenen Läden. Eines dieser Häuser trägt die Aufschrift »Hotel des artistes« über der Tür. Ganz oben ein kleines offenes Fenster, hell erleuchtet. Dort steht ein junger Mann; er hat ein schönes und intelligentes Gesicht [...] Der matte Glanz in der Dunkelheit zu seinen Füßen. Der gedämpfte Straßenlärm verwandelt sich für ihn als Musiker in Töne, in vage, bruchstückhafte Akkorde, zögernd wie die Geräusche eines Orchesters, wenn die Instrumente sich nach und nach aufeinander einstimmen, durchzogen von deutlich vernehmbaren Melodiefragmenten, die sich jeweils aus einem Geräusch der Stadt entwickeln, einem Hupen, dem leisen Bimmeln einer Straßenbahn, dem Zittern von Fensterscheiben beim Vorbeifahren von Autobussen usw. Der junge Mann singt leise: »Paris, Paris.«

Irène Némirovsky: Pariser Symphonie (ca. 1930)

Obwohl die Avenue Marigny, an der der Élyséepalast liegt, mitten durch Paris führt, geht man an keinem Geschäft, auch kaum an den Fenstern eines bewohnten Hauses, sondern immer an Kastanienbäumen und hohen Parkmauern vorbei. Nur an der Einmündung in die Rue Faubourg St. Honoré gibt es ein Restaurant mit einem Zeitungsstand davor. Die Avenue ist für eine Auffahrtsstraße nicht lang und nicht sehr breit, aber gerade und übersichtlich. Es parken kaum Autos in der Umgebung, nicht einmal auf den Gehsteigen, weil dort dicht nebeneinander Betonpflöcke eingelassen sind.– Sie ist leer auch von Menschen; nur Polizisten gehen vor den hohen Mauern auf und ab, die Hände auf dem Rücken ...

Peter Handke: Die Stunde der wahren Empfindung (1975)

Es war ungefähr vier Uhr morgens, und der Himmel hinter Notre-Dame erhellte sich eben, um für das erhabene Beispiel französischer Gotik einen imposanten morgendlichen Hintergrund zu bilden. Die Luft war kühl und prickelnd, die ewige Stadt (wir hielten sie damals dafür) schwieg in ihrem Schlummer. Aus dem tiefen Dunkel schimmerten die Straßenlaternen in rosanem und zitronengelbem Licht in den großen Avenuen, den Boulevards und an den Brücken der Seine. Jede zweite Laterne sandte rosig getönte Strahlen aus und die dazwischenliegenden gelbliche. Beim Herannahen des Morgens vermählten sich diese beiden Farben immer mehr [...] Es lag in diesem langsamen Hellerwerden eine Verschmelzung vom natürlichen Licht des grauenden Tages und der schwindenden Künstlichkeit des von Menschen hergestellten Lichtes, die den bläulichen Tönen ein Strahlen verlieh, das die Mitte hielt zwischen Wärme und Kühle [...]

Elliot Paul: Das letzte Mal in Paris (1942)

» Paris ist eine Kleinstadt.«
Die 20 Arrondissements

Die Pariser hängen leidenschaftlich an ihren Vierteln,
man könnte meinen, dass sie sich nur dort sicher fühlen.

Georges Simenon: Maigret und sein Toter (1948)

Mit einem Achselzucken lehnt der echte Pariser, und wenn er auch jahraus, jahrein niemals auf Reisen ginge, es ab, Paris zu bewohnen. Er wohnt im treizième, oder im deuxième oder im dix-huitième, nicht in Paris, sondern in seinem Arrondissement – im dritten, siebenten oder im zwanzigsten – und das ist Provinz. [...] Paris hat mehr als zwanzig Arrondissements und steckt voller Städte und Dörfer.

Walter Benjamin: Das Passagenwerk (ca. 1928)

In den Straßen der zwanzig Städte, aus denen Paris besteht, blüht die Vegetation der kleinen Leute. Während die höhere Gesellschaft in den vier Wänden der Autos und Wohnungen verschwindet, wachsen sie überall aus den Häusern hervor: an der Porte Clichy, in der Bastille-Gegend, im Umkreis der flandrischen Kanäle des Nordostens [...] Die Kleinheit der Zellen entspricht der Kleinheit menschlicher Proportionen und Bedürfnisse. Paris ist eine Kleinstadt, wenn man darunter nicht den Sitz provinzieller Mittelmäßigkeit versteht.

Siegfried Kracauer: Straßenvolk in Paris (1927)

[...] ich hielt im Hinblick auf die Sparsamkeit der Pariser Kleinbürger die Legende durchaus für glaubhaft, dass es noch Pariser der rive droite gebe, die nie auf der rive gauche gewesen seien, und Kinder, die einzig im Luxembourg-Garten gespielt und nie den Tuileriengarten oder Parc Monceau gesehen hätten. Der richtige Bürger oder Concierge blieb gerne chéz soi, in seinem Quartier; er schuf sich innerhalb von Großparis sein kleines Paris, und jedes dieser Arrondissements trug darum noch seinen deutlichen und sogar provinzartigen Charakter.

Stefan Zweig: Die Welt von Gestern (1944)

Es gibt viele Städte Paris, die miteinander so wenig zu tun haben wie Lyon mit Monte Carlo, wie Back Bay mit den Weizenfeldern Dakotas. Es gibt das Touristenparis: ein Dutzend Hotels, ein Dutzend Bars und Restaurants, mehr amerikanisch als französisch; drei schmutzige Revuen; drei Bahnhöfe; das Café de la Paix; der Eiffelturm; der Arc de Triomphe; der Louvre; Geschäfte mit Kleidern, Parfüms, Schlangenhautschuhen und Seidenpyjamas; die bedauernswerten Manieren der Pariser Taxichauffeure und die Tanzlokale auf dem Montmartre [...] Das Studentenparis um die Sorbonne herum, überaus bebrillt und gelassen. Das falsche Künstlerparis, höchst literarisch und betrunken und voller Theorien. Das echte Künstlerparis, verborgen und arbeitsam und schweigsam. Das Kosmopolitenparis, das im Bois frühstückt, im Ritz Tee trinkt und die Gesellschaftsnachrichten liest, um zu erfahren, wer mit einer Fürstin im Ciro gespeist hat – kurz, ein Paris, dessen Hauptfreude darin besteht, sich den Touristen überlegen zu fühlen.

Es soll auch ein Paris geben, das ausschließlich von drei Millionen Franzosen bewohnt ist. Es heißt, in diesem unbekannten Paris leben Buchhalter, Elektriker, Geschäftsleute, Journalisten, Großväter, Krämer, Hunde und andere Lebewesen, die ebenso unromantisch sind wie die Leute daheim.

Sinclair Lewis: Sam Dodsworth (1929)

In Paris bedeutet ein Quartier fast ein Glaubensbekenntnis, einen fest fixierten Kulturkreis [...] Man kann sein Leben im fünften Pariser Arrondissement zugebracht haben, ohne in das Ausland des vierten gedrungen zu sein.

Walter Mehring: Das vierte Arrondissement

Pariser Arrondissements sind kleine Städte. Le Quartier hat sein Kino, sein Theater, seine Stammeinwohnerschaft, seinen Charakter. Es gibt, zum Beispiel, auf dem linken Ufer, um die Rue de la Convention, kleine Straßen und Plätze, die so nach Kleinstadt schmecken, nach Weltabgelegenheit, nach stillen Kleinbürgern... Wenn aber einer von uns beiden stirbt: ich zieh ins Siebente. Das Siebente liegt auf dem linken Ufer. Es ist ein großes rechtwinkliges Dreieck, mit der gebogenen Hypotenuse an der Seine, vom Eiffelturm bis zur Gare d'Orléans, und mit den Katheten der Avenue Suffren und einer Linie, die etwa vom Quai Voltaire bis zur Untergrundbahnstation Sèvres-Lecourbe führt. Da ist die Spitze. Es hat von allem etwas: Das schöne Champ de Mars, mit den vornehmen Straßen [...] Und dann ist da der Dôme des Invalides, der so still und weit auf die Seine hinausguckt, besonders, wenn nicht gerade Ausstellung gespielt wird, und östlich davon eine Menge kleiner Straßen, und die meisten sind still.

Kurt Tucholsky: Das Siebente (1925)

Ein Pariser begrenzt seine Stadt auf ein paar Stadtviertel; alles, was jenseits davon liegt, kennt er nicht, hört auf, für ihn Paris zu sein. Auch verspürt er nicht dieses beinahe beständige, ungeheuer reizvolle Gefühl, sich zu verlieren. Diese Gewissheit, niemanden zu kennen, niemandem zufällig begegnen zu können. Ihn überkommt diese bizarre Empfindung im Gegenteil dann, wenn er ganz kleine Städte besucht, in denen er der einzige ist, der alle anderen nicht kennt.

Louis Aragon: Aurélien (1944)

Die zwanzig Arrondissements von Paris teilen die gesamte Fläche der Stadt unter sich auf. Nicht ein Fleckchen entgeht ihnen. Jedes Arrondissement ist ein zusammenhängender Raum. Man kann in jedem beliebigen Quartier von einem Punkt zum anderen gehen und dabei in einem fort weiterlaufen, ohne dieses Quartier jemals zu verlassen. [...] Die bemerkenswertesten Orte in Paris sind jene, wo mehrere Arrondissements aufeinandertreffen: An der Place de l'Étoile zum Beispiel das VIII. , XVI. und XVII. Und die Kreuzung des Boulevards de Belleville, der Rue de Belleville, der Rue du Faubourg-di-Temple und des Boulevard de la Villette gehört von Rechts wegen zu vier Arrondissements, dem X., XI., XIX. und XX. Es gibt weitere Beispiele, die Liste ließe sich beliebig fortführen. Es genügen vier Farben und nur vier Farben, um den Stadtplan von Paris so anzu-malen, dass zwei aneinandergrenzende Arrondissements nicht dieselbe Farbe haben. Zwischen dem XV. und dem XVI., unter dem Pont Mirabeau, fließt die Seine.

Jacques Roubaud: Die Pariser Arrondissements (1999)

Die Quartiere sind die eigentlichen Einheiten, von denen jede einen bestimmten Charakter aufweist. Jeden hat ihren natürlichen Mittel-punkt, ihre Geschäftsstraßen, ihren Markt, ihre Cafés, Kinos und Promenaden. Ausflüge in andere Viertel sind selten, werden meist nur sonntags vorgenommen und nehmen leicht den Anstrich von Expeditionen an. Den einzelnen Bezirken entspricht ein bestimmtes Bezirksgefühl, das durch allerlei Festlichkeiten und Veranstaltungen genährt und von den Politikern bei den Wahlen ausgebeutet wird.

Friedrich Sieburg: Gott in Frankreich?(1929)

»Und dann und wann
ein weißer Elefant...«

Die Parks und Gärten in Paris

JARDIN DU LUXEMBOURG

Mit einem Dach und seinem Schatten dreht
sich eine kleine Weile der Bestand
von bunten Pferden, alle aus dem Land,
das lange zögert, eh es untergeht.
Zwar manche sind an Wagen angespannt,
doch alle haben Mut in ihren Mienen;
ein böser roter Löwe geht mit ihnen
und dann und wann ein weißer Elefant.

Sogar ein Hirsch ist da, ganz wie im Wald
nur dass er einen Sattel trägt und drüber
ein kleines blaues Mädchen aufgeschnallt.

Und auf dem Löwen reitet weiß ein Junge
und hält sich mit der kleinen heißen Hand,
dieweil der Löwe Zähne zeigt und Zunge.

Und dann und wann ein weißer Elefant.

Und auf den Pferden kommen sie vorüber,
auch Mädchen, helle, diesem Pferdesprunge
fast schon entwachsen; mitten in dem Schwunge
schauen sie auf, irgendwohin, herüber –

Und dann und wann ein weißer Elefant.

Und das geht hin und eilt sich, dass es endet,
und kreist und dreht sich nur und hat kein Ziel.
Ein Rot, ein Grün, ein Grau vorbeigesendet,
ein kleines kaum begonnenes Profil.
Und manchesmal ein Lächeln, hergewendet,
ein seliges, das blendet und verschwendet,
an dieses atemlose blinde Spiel.

Rainer Maria Rilke: Das Karussell (1906)

In allen Gärten spielen Kinder. Das Betreten der Rasen ist in einem Maß erlaubt, das den deutschen Besuchern beinahe schon sündhaft vorkommt. Und wenn etwas in einem der großen Parks und der kleinen Anlagen den Erwachsenen verboten ist, den Kindern ist es immer gestattet. Kinder dürfen in Paris auf Bänken stehen, durch Gitter kriechen, über Zäune klettern, Bälle in Blumenbeete werfen und Blumen pflücken. Spartanische Grundsätze in der Kindererziehung liebt der Franzose nicht anzuwenden. [...] Im Jardin du Luxembourg, in den Champs-Élysées, im Louvre – überall sind die kleinen bunten Zelte zu sehen, in denen Marionettentheater gespielt wird. [...] In allen Gärten, auf allen Jahrmärkten, an besonderen Feiertagen auf allen freien Plätzen gibt es Karussells für Kinder.

Joseph Roth: Das Kind in Paris (1929)

Der sonst bevölkertste aller Parke, der große Mädchen-, Studenten- und Kindergarten Luxembourg, dehnt sich heut wie der schläfrige alte Schlosspark einer kleinen ehemaligen Residenzstadt. An der Gartenseite des Palais, in dem jetzt kein Senat tagt, langweilt sich ein einzelner Wachtposten. Das Palais sieht verwunschen aus. Und auf dem großen Wasserbecken davor, wo sonst die vielen Schiffchen der Kleinen und Kleinsten kreuzen, steht nur ein einziges Fahrzeug in der Flaute. An den roten Beeten und den Fuchsiensträuchern schleicht, ganz Silhouette, ein schwarzer Jesuit entlang. Die marmornen Königinnen von Frankreich längs der Allee schauen auf ein paar verstreute leere Stühle.

Franz Hessel: Pause in Paris (1930)

Dieser Park liegt dicht beim Paradies.
Und die Blumen blühn, als wüssten sie's.
Kleine Knaben treiben große Reifen.
Kleine Mädchen tragen große Schleifen.
Was sie rufen, lässt sich schwer begreifen.
Denn die Stadt ist fremd. Und heißt Paris.

Alle Leute, auch die ernsten Herrn,
spüren hier: Die Erde ist ein Stern!
Und die Kinder haben hübsche Namen
und sind fast so schön wie auf Reklamen.
Selbst die Steinfiguren, meistens Damen,
lächelten (wenn sie nur dürften) gern.

Lärm und Jubel weht an uns vorbei
wie Musik. Und ist doch bloß Geschrei.
Bälle hüpfen fort, weil sie erschrecken.
Ein fideles Hündchen lässt sich necken.
Kleine Neger müssen sich verstecken,
und die andern sind die Polizei.

Mütter lesen. Oder träumen sie?
Und sie fahren hoch, wenn jemand schrie.
Schlanke Fräuleins kommen auf den Wegen
und sind jung und blicken sehr verlegen
und benommen auf den Kindersegen.
Und dann fürchten sie sich irgendwie.

Erich Kästner: Jardin du Luxembourg (1928)

Er saß direkt neben dem seltsamen, mit Mosaik verzierten roten Backsteingebäude, das sich in einem der Winkel des Parks befand, an der Ecke der Rue Guynemer und der Rue d'Assas. Die in der Ferne untergehende Sonne tauchte die Kastanien in ein außerordentlich warmes, oranges Licht – fast indischgelb, sagte sich Jed, und dabei fielen ihm ungewollt die Worte des Chansons »Le Jardin du Luxembourg« wieder ein: *Encore un jour / Sans amour / Encore un jour / De ma vie / – Le Luxembourg / A vieilli / Est-ce que c'est lui? / Est-ce que c'est moi? / Je ne sais pas.*

Michel Houellebecq: Karte und Gebiet (2010)

Ich war ein Frühaufsteher und kannte nichts Schöneres, als des Morgens vor acht ganz allein in der Baumschule vom Jardin du Luxembourg umherzuspazieren [...] Schmale, saubere, stille Wege wurden auf beiden Seiten von dichten Hecken begrenzt. Zwischen hohen Laubwänden zogen sie sich hin. Ohne Unterlass waren große Gärtnerscheren am Werk, diese Mauern aus grünen Zweigen schnurgerade zu erhalten. Hin und wieder traf man auf Blumenbeete, auf Rabatten mit Bäumchen, die hintereinander standen wie eine Klasse von Schülern auf dem Spaziergang, oder auf prächtige Rosen und ganze Regimenter von Obstbäumen.

Guy de Maupassant: Menuett (1882)

Ihr lieblichen Blumenbeete, Baumwege, Alleen des Luxembourg, wieder unter euch! Sieh da – eine neue Stele, ein Denkmal, das ich noch nicht kenne: Madame de Ségur, née Rostopchine – oh, Bibliothèque Rose, ihr seligen Bücher der Kindheit! Es war gut und schön, »c'était bien français!«, der Dichterin der Bibliothèque Rose ein Denkmal zu setzen, hier im Park, der bis zum Abend von Kinderlärm, Spiel und Jauchzen widerhallt! Heute besonders ist er voll von Nounous mit ihren Pfleglingen, Bonnen und Müttern mit zarten, hold daherzwitschernden Engelchen. – Da: ein Rundtanz, Reigen, beaufsichtigt von zwei Frauen in Nonnentracht. Kleine Wesen in dunklen Kapuzenkittelchen, einer Art Uniform, tanzen Ringelreih. Ich erkundige mich: es sind Waisenkinder, Kriegswaisen. Sie halten sich bei den Händchen, drehn sich rasch im Kreise, lachen und singen [...]

Arthur Holitscher: Der Narrenführer durch Paris und London

Warum verliebt man sich in die Stadt Paris? Nun, wegen der Perlmutter-Blässe, die zuweilen die Bäume und Statuen im Luxemburg-Garten verklärt [...]

Klaus Mann: Der Wendepunkt (1942)

Die Mütter, die auf dem linken Seineufer zu Hause sind, führen ihre Kinder in den großen Garten des Palais du Luxembourg. Unter den alten Bäumen, zwischen den geschwärzten Denkmälern längst vermoderter Königinnen und den noch säuberlich weißen Marmorbüsten Murgers, Baudelaires und anderer Poeten hopsen die kleinen Mädchen über das Springseil, bauen die kleinen Knaben aus den Gartenstühlen Eisenbahnzüge und Burgen. Die Damen dieses soliden Stadtviertels, die Gattinnen der Professoren von der nahen Sorbonne und die Frauen der Kaufleute aus der Umgegend, sitzen plaudernd in harmonischen Gruppen beieinander und sticken Deckchen mit schwierigen und kunstreichen Mustern. An einer Stelle des Gartens spielen zwanzig oder dreißig ältere Herren, zufriedene Handwerksmeister, die in heiterer französischer Sorglosigkeit ihre Kundschaft warten lassen, ernst, würdevoll und in Hemdsärmeln Croquet, und zweihundert Gaffer, die an diesem Frühlingstage auch keinen Arbeitsdrang verspüren, machen ihre lobenden oder tadelnden Bemerkungen. Dann und wann kommt ein Student mit seiner stupsnasigen Freundin, die ihm hilft, Ovids »Liebeskunst« praktisch anzuwenden. [...] Der Jardin du Luxembourg ist der Garten der Kinder und der Philosophen. Der Jardin du Luxembourg ist eine Welt für sich, er ist eine der tausend Welten, die zusammen Paris bilden.

Theodor Wolff: Pariser Tagebuch (1908)

PLACE DES VOSGES

Die Place des Vosges, die einstige Place Royale, der schönste Platz von Paris, an dem Könige geboren wurden und gestorben sind, ist uns in seiner geschlossenen vornehmen warmen Pracht erhalten geblieben, und seine Häuser aus roten Ziegeln und weißem Bruchstein, die steilen Schieferdächer, die hohen Fenster, die olympischen Mansarden, die intimen Arkaden ziehen sich wie Logen um eine Menagerie, denn die Mittelfläche des alten Turnierfeldes ist nun mit starkem Eisen umgittert [...]

Wolfgang Koeppen: Reisen nach Frankreich (1961)

In Paris gibt es zwei Kinderspielplätze, auf denen in alter Zeit Weltgeschichte und das große Leben stattfand. Der eine befindet sich auf dem königlichen Platze, der seit der Revolution Place des Vosges heißt, der andere im Garten des Palais Royal. Da ist es hübsch, müßigzugehen oder auf einer Bank zu sitzen und die Strecke, die ein Baby taumelt, eine Murmel läuft, ein Ball fliegt, zu verfolgen und hinzudenken, was in denselben paar Metern, in demselben Spielraum der Zeit sich alles mag begeben haben.

Franz Hessel: Ein Garten voll Weltgeschichte (1930)

Der erste reine ausgegorene, ausgewogene Frühlingsabend. Der Himmel hoch und zugleich nah, er enthält den Dampf aller Dächer und ist doch nichts als purpurblau, gleichmäßig golden durchleuchtet. Die Straßen liegen schon alle im Schatten. Schon von weitem sieht man am Ende der Rue des Francs Bourgeois die noch voll besonnte Ostseite des Platzes leuchten – Rot und Weißgelb, dazu das goldgraue Glimmern der steilen schlichten Schieferdächer.

Felix Hartlaub: Place des Vosges (1941)

JARDIN DES TUILERIES

Heute morgen hat sich die Sonne im Jardin des Tuileries nach und nach auf all den steinernen Stufen niedergelegt, einem blonden Jüngling gleich, dessen leichten Schlummer schon das Vorübergleiten eines Schattens unterbricht. Am alten Palastgemäuer grünen junge Sprossen. Der Hauch des verzauberten Windes mischt in den Duft des Vergangenen die frischen Düfte des Flieders. Die Statuen, die uns auf den Plätzen der Stadt wie Wilde erschrecken, träumen hier in den Hagebuchen wie Weise vor sich hin, unter dem lichterfüllten Laub, das ihre Blässe schützt. Die Wasserbecken, auf deren Grund der blaue Himmel ruht, leuchten wie Blicke [...] Die Winden quellen wild über die Ränder geraniengekrönter Blumentöpfe. Glühend vor Sonne verbrennt das Heliotrop seine Düfte. Vor dem Louvre streben Stockrosen in die Höhe, schlank wie Masten, vornehm und anmutig wie Säulen, errötend wie junge Mädchen. Irisierend in der Sonne und seufzend vor Liebe steigen die Springbrunnen dem Himmel entgegen. Am Ende der Terrasse verkörpert ein steinerner Reiter, in wildem Galopp, ohne sich von der Stelle zu rühren, die Lippen an eine fröhliche Trompete gepresst, die ganze Glut des Frühlings

Marcel Proust: Freuden und Tage (1892)

Es gibt Orte, die zur Meditation anregen. Die öffentlichen Gärten zum Beispiel, fürstlich und verloren in diesem Paris, kümmerliche Oasen inmitten des lärmenden Treibens einer verhärteten Menschheit. Die Tuilerien. Der Jardin de Luxembourg. Der Bois de Boulogne.

Patrick Modiano, Abendgesellschaft (1969)

Er folgte der sonnigen Rue de la Paix, ging durch die Tuilerien, überquerte den Fluss und gönnte sich mehr als einmal wie unter Zwang einen plötzlichen Halt vor den Bücherständen am gegenüberliegenden Ufer. In den Tuilerien hatte er sich an zwei oder drei Stellen verweilt und umgeschaut; es war, als habe der wundervolle Pariser Frühling seinem Schlendern Einhalt geboten. Der putzmuntere Pariser Morgen schlug heitere Akkorde an mit milder Brise und feuchtem Duft, im Gehusch barhäuptiger Mädchen, die mit ovalen, von Schnallenriemen umschnürten Schachteln über die Parkfläche flatterten, in Gestalt betagter Personen, die sich beizeiten sorglich sonnten, wo warme Terrassenmauern warteten, im blauberockten, messingbeschilderten Beamtentum demütig harkender und scharrender Bediensteter.

Henry James: Die Gesandten (1903)

This winter air is keen and cold,
And keen and cold this winter sun,
But round my chair the children run
Like little things of dancing gold.

Sometimes about the painted kiosk
The mimic soldiers strut and stride,
Sometimes the blue-eyed brigands hide
In the bleak tangles of the bosk.

And sometimes, while the old nurse cons
Her book, they steal across the square,
And launch their paper navies where
Huge Triton writhes in greenish bronze.

And now in mimic flight they flee,
And now they rush, a boisterous band -
And, tiny hand on tiny hand,
Climb up the black and leafless tree.

Ah! cruel tree! if I were you,
And children climbed me, for their sake
Though it be winter I would break
Into spring blossoms white and blue!

Oscar Wilde: Le Jardin des Tuileries (1885)

Lang war der Weg die Ufer entlang. Ernst stand die dunkle Flanke des Louvre im Norden, der zierliche Säulenbau des Instituts lag so zart und gespannt da, als sei sein erschrockener Entschluss gefasst, sich so bald wie möglich zu entfernen. Über den Bäumen des Tuileriengartens lag wie ein Hauch die erste herbstliche Färbung. Langsam überschritt ich die Brücke, unter den kleinen Bäumen war es still, die spielenden Kinder waren geräuschlos, ein Fräulein auf der Bank hatte ihr Buch sinken lassen und die Hand über die Augen gelegt. Die Holzpferde auf dem Spielplatz standen wie erstarrt, der Rappe sah mich aus kreisrunden weißen Augen entsetzt von der Seite an.

Friedrich Sieburg: Unsere schönsten Jahre (1950)

Ich machte heute, am letzten Tag im Jahr, einen Spaziergang im Jardin des Tuileries. Es war ein prächtiger Tag: der Sturm, der vorher geweht hatte, hatte den Boden getrocknet, die Sonne schien heiter am unbewölkten Himmel, die Luft war so warm, dass man den Atem nicht sehn konnte. Auch hatte das schöne Wetter eine Menge Pariser an diese ihre Lieblings-Promenade gelockt. Im Sommer muss dieser Garten und die daneben liegenden *Champs Élisées* sehr angenehm sein, obgleich die Anlage noch steif ist. Er enthält viele schöne marmorne Statüen, u. die Aussicht auf die prächtige Façade des *Palais des Tuileries* gibt einen herrlichen Prospekt. Auf dem Gitter vor dem Schlosse stehn die vier berühmten *Bronzenen Pferde*, die Bonaparte aus Venedig gebracht hat, und die immer den Erobern gefolgt sind. Ich finde sie aber nicht so außerordentlich schön wie ich sie mir vorgestellt hatte.

Arthur Schopenhauer: Reisetagebuch (1804)

»Aber sonst
hats keenen Zweck ...«
Einige touristische Must-Haves
der Pariser Stadtrundfahrt

PARIS FÜR TOURISTEN

Wer Geld hat, nimmt sich ein Billjet bei dem Rundfahrtbüro »Fromage«. Wer keins hat, wird einen Spaziergang zu Fuß vorziehen. Die Pariser sind äußerlich höflich und geben gern Auskunft. Man wendet sich am besten an einen Eingeborenen (kenntlich durch ein Henri-quatre-Bärtchen) oder an einen Schupo (kenntlich durch eine rote Rosette im Knopfloch). Zunächst wird man den Montmartre, wo das vielberühmte Laster zu Hause ist, besichtigen wollen. [...] Zu oberst steht Sacré-Coeur, ein beliebtes Tanzlokal sowie Schlupfwinkel der Verbrecherwelt, zu unterst Moulin rouge, wo die Gerste für den vielgepriesenen Pariser Café (man verlangt: donnehmoa öng café mokka türk trippel) gemahlen wird. Südlich davon der Boulevard, eine verkehrsreiche Straße, die man zweimal auf- und abgehen muss. Erst in diesem Augenblick darf man behaupten, dass man Paris wirklich kennt. Über den Eintrachtsplatz durch die Elysiums-Felder gelangt man zum Triumphbogen, von Napoléon I. zum Einzug Kaiser Wilhelms des Großen errichtet. Indem man die vielfach gewundene Seine überschreitet, befindet man sich auf dem zweiten Feld, dem sogenannten Marsfeld, und erkundige sich nach dem Eiffelturm, der uns an die Niederlage der Franzosen in der Eiffel im Jahre 1866 gemahnt.

Walter Mehring: Paris für Eilige (ca. 1928)

Paris ist die Stadt, in der im allgemeinen das Gegenteil geschieht. Der trockene Amerikaner schwitzt Alkohol aus allen Poren, dem steifen Engländer sind alle Scharniere geölt; der Deutsche verbrüdert sich; der Franzose ist ernst, arbeitsam, dezent und lässt dem Fremden seinen bunten Wahn, dass diese Stadt noch immer das »gai Paris« von 1900 ist.

Arthur Holitscher: Der Narrenführer durch Paris und London (1925)

Gegessen ham wir natürlich bei Prünjeeh: Haben Sie mal bei Prünjeeh gegessen? Nein? Na, faabelhaft. Sehr elegantes Publikum – Engländer, große Amerikaner, offenbar auch viel Diplomatie. Bei Ssiroh? Nein da war ich nicht, das soll ja nicht so gut sein. Im allgemeinen find ich die Portionen 'n bisschen klein, die Orrdöwas sind ja phantastisch, aber die Portionen sind doch 'n bisschen klein. Ein Freund von dem Bruder meiner Frau, der hat einen Vetter, der lebt in Paris, der hat uns in ein Lokal mitgenommen, da komm sonst Fremde nie hin, das war echt pariserisch. Na, und dann wahn wir im Louwer, sehr interessant, wahn Sie auch im Louwer?, ja, das muss man ja. Na, und denn sind wir noch so rumgebummelt, abends warn wir in der Revue, bei der Mistuingett. Ham Sie die Mistuingett mal gesehn? Ach, Sie ham sie gesehn? ... na ja, die ist ja nicht so doll. Die Revue war ja faabelhaft. [...] Was wir noch gesehn haben? Prünjeeh, die Revuen, die große Opa, Mongmachta, Notta Damm, den Louwer – na, das Wichtigste ham wir gesehen. Weiter ist ja dann auch nichts.

Kurt Tucholsky: Herr Wendriner in Paris (1926)

Wir haben hiermit unsere ganze Pflicht getan. Wir haben die Tuilerien gesehen, die Napoleonsäule, die Madeleine, jenes Wunder aller Wunder: das Grab Napoleons, all die großen Kirchen und Museen, Büchereien, kaiserlichen Paläste, Ausstellungen von Plastiken und Gemäldegalerien, das Panthéon, den Jardin des Plantes, die Oper, den Zirkus, die Gesetzgebende Versammlung, die Billardzimmer, die Barbiere, die Grisetten... [...] Wir haben alles gesehen, und morgen fahren wir nach Versailles.

Mark Twain: Die Arglosen im Ausland (1869)

Paris ojaja

Oja! Auch ich war in Parih
Oja! Ich sah den Luver
Oja! Ich hörte an der Sehn
die Wifdegohle-Rufer

Oja! Ich kenn die Tüllerien
Oja! Das Schöhdepohme
Oja! Ich ging von Notterdam
a pjeh zum Plahs Wangdohme

Oja! Ich war in Sackerköhr
Oja! Auf dem Mongmatter
Oja! Ich traf am Mongpahnass
den Dichter Schang Poll Satter

Oja! Ich kenne mein Parih.
Mäh wih!

Robert Gernhardt (1981)

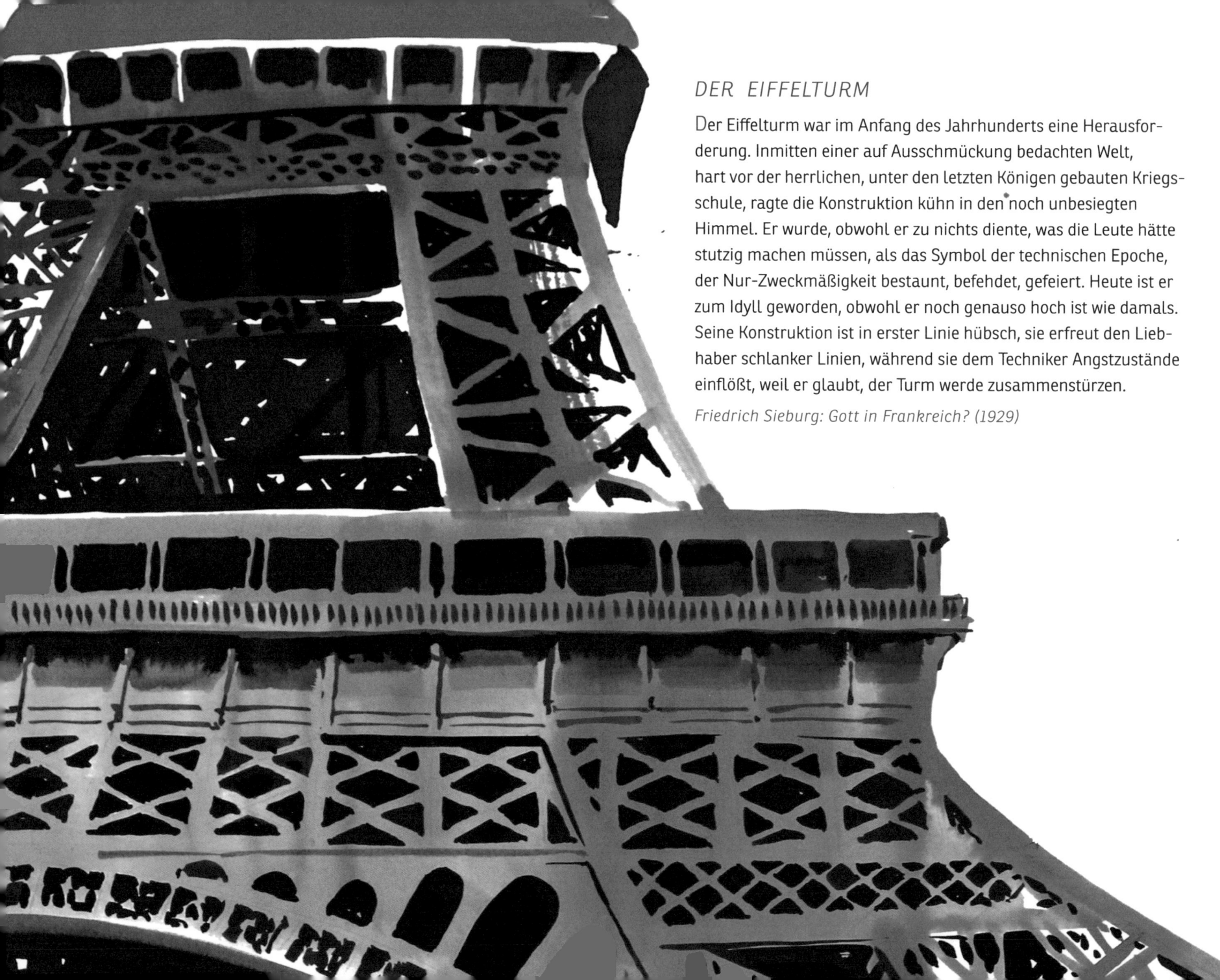

DER EIFFELTURM

Der Eiffelturm war im Anfang des Jahrhunderts eine Herausforderung. Inmitten einer auf Ausschmückung bedachten Welt, hart vor der herrlichen, unter den letzten Königen gebauten Kriegsschule, ragte die Konstruktion kühn in den noch unbesiegten Himmel. Er wurde, obwohl er zu nichts diente, was die Leute hätte stutzig machen müssen, als das Symbol der technischen Epoche, der Nur-Zweckmäßigkeit bestaunt, befehdet, gefeiert. Heute ist er zum Idyll geworden, obwohl er noch genauso hoch ist wie damals. Seine Konstruktion ist in erster Linie hübsch, sie erfreut den Liebhaber schlanker Linien, während sie dem Techniker Angstzustände einflößt, weil er glaubt, der Turm werde zusammenstürzen.

Friedrich Sieburg: Gott in Frankreich? (1929)

Über seine spezifische Paris-Aussage hinaus berührt er die allgemeine Vorstellungswelt der Menschen, seine einfache, als Matrize wirkende Form verleiht ihm die Fähigkeit zur unendlichen Chiffre: nacheinander, je nach den Appellen unserer Vorstellungskraft, Symbol für Paris, für die Modernität, für Kommunikation, für Wissenschaft oder für das 19. Jahrhundert, Rakete, Stengel, Bohrturm, Phallus, Blitzableiter oder Insekt, ist er auf den großen Wegen des Traumes das unvermeidliche Zeichen.

Roland Barthes: Der Eiffelturm (1964)

Die Fahrt im Lift: die Sensation eines Schiffes, das in See sticht, aber nicht krankmachend. Oben auf der Plattform eine Sicht, die weit über das Denken am Boden hinausgeht, auf Grandeur, Größe, die babylonische Unermesslichkeit von Paris, eine Stadt aus Hausblöcken, über denen die Sonne unterging, der Hügel von Montmartre eine pittoreske Erhebung, die in die großen flachen Linien des Horizonts hineineinragt und in der Dämmerung aussieht wie eine große Ruine, die illuminiert ist.

Edmond de Goncourt: Tagebuch (1889)

Ich habe Paris und sogar Frankreich verlassen, weil der Eiffelturm mich schließlich zu sehr ärgerte. Nicht genug, dass man ihn von überall her sah, sondern man fand ihn auch überall, aus allen bekannten Materialien gefertigt, und in allen Schaufenstern ausgestellt, ein unvermeidlicher und quälender Alptraum.

Guy de Maupassant: La vie errante (1890)

Den großartigsten Eindruck gewinnen wir von ihm, wenn wir hinauffahren in den Schacht seiner stählernen Eingeweide und vor unsern Augen immer neue Stahlwälder aufbauen, eiserne Spinngewebe sich verflechten und entfalten [...] Immer hat er die Phantasie seiner Besucher aufgereizt, er ist ein Verführer, der Riese auf dem Marsfeld. Kletterkünstler sind an seinen Stahlbeinen emporgeklommen, häufig melden die Zeitungen von Lebensmüden, von unglücklich Liebenden, die von seiner Höhe sich in die Tiefe gestürzt haben, um an seinem Panzer zu zerschellen, ehe sie den Boden erreichen. Er trägt das Licht in die Ferne aus seinem Leuchtfeuer und sammelt die Weltereignisse in seiner Großfunkstelle. Mit seinen Laboratorien für Astronomie, Physik und Meteorologie, mit seinen Projektoren und Messapparaten dient er der Wissenschaft, und für die Kinder ist er das große Wunderspielzeug aus dem Stahlbaukasten. Und so, als Riesenspielzeug, sehen auch wir ihn, wenn uns auf einem Weg durch Vorstadtstraßen bei einem Durchblick mit einmal der Anblick dieses Brückenpfeilers ohne Brücke, dieses Zwitters aus Pyramide und Stecknadel überrascht.

Franz Hessel: Der Zeigefinger von Paris (1939)

Die Straße war beleuchtet, mit diesem seltsamen purpurnen Schein der Pariser Laternen – und jenseits des Flusses blitzte der Eiffelturm mit zickzackförmigen Himmelszeichen, gewaltigen Feuerschlangen gleich. Ströme von Autos glitten lautlos hin und her, und Frauen, die in dem matten Licht elegant wirkten, schlenderten die Arkaden auf und ab.

George Orwell: Down and Out in Paris and London (1933)

Wer aber mehr und Wirklicheres von der Stadt haben will, der setzt sich auf die Stufen von Sacré-Cœur neben Liebespärchen, die sich freundlich umfasst halten, und blickt mit ihnen hinunter auf Paris. Es wird wenige Dinge geben wie dieses Panorama zur Nacht. Man sieht die Stadt bis zu ihren Grenzen ab, und alles, was man erblickt, sind dunkle Straßenzüge, Parks und Lichter. Rote Lichter, hellgelbe laufende Lichtreklamen, das Laternengezwinker der Bahnhöfe, ein glühend bestrahltes Haus, eine in die Tiefe strebende illuminierte Straße, rechts den fortwährend wechselnden Glühbirnentanz des Eiffelturms, nach Süden zu zeichnen die großen Boulevards bunte Muster ins Dunkel; und über dem Ganzen schwebt schimmernde, vom Widerschein und Staub fluktuierende Luft – das Bild ist unbeschreibbar und bleibt unvergesslich.

Erich Kästner: Eine Stadt wird erobert (1929)

DAS PANTHÉON

Das Pariser Quartier Latin wird nach drei Seiten hin von den Boulevards St. Germain, St. Michel und du Port Royal begrenzt. In ihm herrscht die Montagne Ste. Geneviève über der Sorbonne und auf der Höhe das Panthéon, ursprünglich für die heilige Genoveva von Ludwig XV bestimmt, dem eine Krankheit solch Gelübde abpresste. Die große Revolution hatte der Heiligen nicht nur ihre Residenz entwendet, sondern sie auch ihres letzten irdischen Knochenbesitzes enteignet und die quittierte Rechnung darüber an den Vatikan gesandt. Was »übrigblieb«, jenes Minimum also, das für Reliquienwirkung langt, ruht in der schüchternen, grazilen Kirche St. Étienne du Mont, die, obwohl von dem robusten Panthéon in eine Ecke des Platzes gedrückt, kraft ihres Schatzes einmal im Jahre Wallfahrtsziel wird.

Walter Mehring: Paris in Brand (1980)

Panthéon. Prachtvolles Gebäude, wunderlicherweise ganz leer. In den Souterrains höchst widerlich die Sarkophage einiger grands hommes aufgeschichtet, die niemand kennt. Ich dachte mir die Monumente in der Kirche selbst. Rousseaus erstes Grabmal. Voltaires Bildsäule. Charakteristisch liegt der eine und der andere steht. Die Kuppel bestiegen. Unangenehme Empfindung beim Emporsteigen. [...] Ungeheure Aussicht, doch sollte man eigentlich gar nie die Grenzen eines großen Gegenstandes zu sehen begehren. Paris ist größer, wenn man seine endlosen Gassen durchwandert, als wenn man die Massen Stein und Kalk vom Panthéon aus überschaut.

Franz Grillparzer: Reisetagebuch (1836)

Da ist also das Panthéon. Eine kalte Sache, vorn mit einem Gitter und vielen zähnefletschenden Amerikanerinnen, die alle nachsehen, ob auch Murray recht hat, ob alles an seinem Platz steht und ob Zola noch da liegt. Und wenn sie das festgestellt haben, dann gehen sie befriedigt wieder ins Hotel. Wie sagt die alte Berliner Posse: »Aber sonst hats keenen Zweck –!«

Kurt Tucholsky: Die Rue Mouffetard (1924)

Welch ein Gebäude! Einen solchen Eindruck hat noch kein Werk der Architektur auf mich gemacht. Es verdient eine Reise nach Paris [...] Von außen treten dem Auge die einfachsten, edelsten Verhältnisse entgegen; Säulen wie Eichen, Wände wie geglättete Felsen. Im Inneren ein ungeheures, heiter-stilles Oval; die Kämpfe sind abgetan, die Kraft ist erprobt, hier darf die Größe in ungestörtem Frieden sich selbst genießen. Die Gewölbe, nicht ganz finster und nicht ganz hell, vergegenwärtigen ergreifend jene Dämmerung, worin man sich die Schatten der Abgeschiedenen immer unwillkürlich denkt.

Friedrich Hebbel: Brief an Elise (1843)

Der steinernste aller Pariser Plätze, der Platz, auf dem der Kuppelbau des Panthéons sich erhebt, ist die heimatliche Landschaft meines Pariser Lebens gewesen. Die Maße dieses Platzes und seiner Säulenfronten waren gleichsam der Inbegriff der Monumentalität, und doch war er genauso von kleinbürgerlichem, ja provinziellem Menschenleben erfüllt wie fast jeder Platz dieser großen Stadt, sofern er an menschliche Wohnungen grenzt.

Friedrich Sieburg: Unsere schönsten Jahre (1929)

SACRÉ-CŒUR / MONTMARTRE

Mein Leben hat sich so abgespielt, dass ich alle Cafés von Montmartre kenne, alle Tabakläden, alle Brasserien. Vierzig Jahre Fußreise in diesem Land, gebildet aus den Grenzen des achtzehnten und des neunten Arrondissements, haben mich mit den Lokalen dieser Art dauernden Festivals, das Montmartre ist, vertraut gemacht, von der Eckkneipe ohne Stühle angefangen, in der man dem Besitzer Auge in Auge gegenübersteht, wo man nur zwischen drei Flaschen wählen kann, bis zu dem großen Kasten im Modern Style, mit Fernverkehr, Goldfischen, Stiefelputzer und essbaren Meerestieren, von Nine's Café-Restaurant, das den Pariser Radikalen und Marseiller Ministern lieb ist, von den Autobusgängen gleichenden Kneipen der Rue de Douai bis zu den Tabakläden des Boulevard de Clichy, die zehnmal, hundertmal am Tag andere Kunden haben. [...] Am Abend lebt Montmartre nur durch seine Cafés, die in diesem Quartier das ganze Licht des Lebens erstrahlen lassen. An dem Boulevard-Fluss wie Boote aufgereiht, sind sie fast alle einem bestimmten Kundenkreis vorbehalten.

Léon-Paul Fargue: Der Wanderer durch Paris (1939)

An einem Tag wie diesem, in einer Stunde wie dieser von einem beliebigen Punkt der Rue Laffitte auf Sacré-Cœur zu blicken, würde mich schon in Ekstase versetzen. So war es jedenfalls immer gewesen, selbst wenn ich hungrig war und kein Dach über dem Kopf hatte. Hier wüsste ich, auch wenn ich tausend Dollar in der Tasche hätte, nichts, was solche Empfindungen in mir zu wecken vermöchte.

Henry Miller: Stille Tage in Clichy (1956)

Des Nachts stieg ich die Stufen von Sacré-Cœur hinauf und sah in der Wüste des endlosen Raums Paris aufblitzen, eine eitle Oase. Ich weinte, weil es so schön und weil es so sinnlos war. Durch die kleinen Straßen der »Butte« ging ich wieder hinab und lachte allen Lichtern entgegen. Ich strandete in Dürre und schwang mich wieder in den Frieden empor. Ich erschöpfte mich.

Simone de Beauvoir: Memoiren einer Tochter aus gutem Hause (1968)

Die Aussicht vom Montmartre hat jedoch wirklich etwas Erhebendes, die ungeheure Stadt auf einmal und in solcher Nähe zu übersehen. Sonderbar ist es, dass Paris rings mit Windmühlen umgeben ist. Bei den Windmühlen auf dem Montmartre ist ein Restaurateur. Man sitzt hier im Freien, hat die Ansicht der Stadt und guten Wein, der wohlfeil ist [...].

Ludwig Uhland: Brief an die Eltern (1810)

Das Nachtleben in Kairo, Chicago, Budapest, Neapel ist »abenteuerlich«, will sagen, schmutzig und kriminell; aber das Pariser Nachtleben ist ein natürlicher und integraler Bestandteil des Pariser Lebens. Gibt es in Paris eine »Unterwelt«? Vielleicht; aber sie spielt keine auffallende Rolle. Jedenfalls würde niemand es sich einfallen lassen, eine brave Prostituierte oder ihren emsigen Zuhälter zur »Unterwelt« zu rechnen. Die Sphäre des Geschlechtlichen, mit all ihren Aspekten und noch in ihren ausgefallensten Manifestationen, wird in dieser Stadt mit einer Mischung aus heiterem Realismus und fast religiöser Andacht behandelt, die für das Verhältnis jeder reifen Zivilisation zum Eros charakteristisch ist.

Klaus Mann: Der Wendepunkt (1942)

Ich wusste nicht, was Nachtleben war, ich hatte es nie erlebt, jetzt wurde ich vom Nachtleben überwältigt, verschlungen. Die Straßen schimmerten im Widerschein vielfachster Lichtreize, solcher von den farbigen Leuchtreklamen, von den Leuchtschriften und Lichterzierden all der Bars und Nachtlokale, Restaurants und Läden, die Türen der Bars öffneten und schlossen sich wie Pumpen, sie ließen Schwälle von Musik, Gedröhn, Krach, Gerede und Menschen hinaus, vor den Bars zuckten und wanden sich im Takt der verschiedensten Musik halbentkleidete Mädchen, Barmädchen, Freudenmädchen, und an alldem entlang die Massen der Promenierenden, Lüsternen, Vergnügungssüchtigen, das Vorbeischlüpfen der Strichmädchen und Striptease-Tänzerinnen, die schnell die Straße überquerten oder mit einem Kerl im Eingang eines Stundenhotels verschwanden, die Portiers nicht zu vergessen. Die Nacht war mit dem verschwenderischsten Aufwand in ein Strahlen, Summen, Dröhnen verkehrt, in ein wahnsinnig wärmendes und aufwühlendes Nachtleben [...]

Paul Nizon: Das Jahr der Liebe (1981)

[...] ich weiß, was für eine Teufelsstraße der Faubourg-Montmartre mit seinen Messingschildern und seinen Gummiwaren ist, wo die ganze Nacht die Lichter blinken und durch die Straße wie durch einen Abzugskanal die Unzucht rieselt. Von der Rue Lafayette zum Boulevard zu gehen, ist wie ein Spießrutenlaufen. Sie hängen sich an einen wie die Kletten, fressen sich ein wie die Ameisen, sie beschwatzen, schmeicheln, verführen, bitten, flehen, versuchen es auf deutsch, englisch, spanisch, zeigen einem ihre zerrissenen Herzen und durchgelaufenen Schuhe und lange, nachdem man sich von den Fangarmen befreit hat, lange, nachdem das Brodeln und Zischen verstummt ist, hat man noch den Duft des lavabo in der Nase – es ist der Geruch des Parfum de Danse, dessen Wirkung nur auf eine Entfernung von zwanzig Zentimetern garantiert ist. Man könnte ein ganzes Leben in diesem kleinen Stück zwischen dem Boulevard und der Rue Lafayette verplempern.

Henry Miller: Wendekreis des Krebses (1934)

In den Köpfen vieler Touristen ist der neunte Bezirk von Paris ein großer Frauenmarkt, in dem es nach Fleisch riecht, nach magerem und fettem, nach unreifem und fiebrigem Fleisch. In den Köpfen der Fremden ist dieses Viertel in Bars, Bordelle und andere Distrikte der Lust eingeteilt. Nur schwer könnten sie sich vorstellen, dass es dort oben ebenso gut in Eiche möblierte Philister gibt wie in jedem anderen Bezirk, und nicht nur Pfühle, auf denen unaufhörlich die vierunddreißig Positionen geübt werden. Hier und da soll eine Mühle eine unschuldige Landschaft vortäuschen, aber sie, die Fremden, fallen nicht darauf herein.

Claire Goll: Eine Deutsche in Paris (1925)

Als ich das letzte Mal da war, waren auf dem weißen Stein in türkisch, tschechisch, russisch, englisch und deutsch allerhand Nachrufe zu lesen: »Heinrich Heine, ich suche Dich.« – »Heinrich Heine, ich liebe Dich.« Kann etwas Schöneres auf einem Grabstein stehen? Da schaut er nun in marmorner Schwermut hinunter in die Erde. Der Regen hat ihm auf der Stirn eine Wunde gefressen, die ein wenig eitert. Damals lagen nur ein paar billige Strohblumen auf seinem Grab, Wallfahrtsort sentimentaler Romantiker. Heute ist das Grab eine Sehenswürdigkeit für Vergnügungsreisende und mit kostbaren Blumen aller Art bedeckt. Ich bücke mich, um die meinen demütig niederzulegen und sehe ... wahrhaftig! Unter den Sträußen versteckt liegen Karten. Visitenkarten. Nicht wahr, man hat einen Ausflug gemacht und möchte gern seinen Namen auf eine Bank oder eine Aussichtsplatte einschneiden. Hier jedoch ist das Kratzen und Besudeln verboten. Also muss man wenigstens seine Karte abgeben. Gut erzogene Leute wissen, was sich gehört. [...]
Ich sehe noch einmal ehrfürchtig hinauf zu seiner hohen kranken Stirn, um die sich schon der Abend wie ein kühler Verband legt. Einer der Wärter zieht den Strang der Klageglocke der Glockenallee. Die Toten wollen schlafen. Man schließt. Es ist sechs Uhr. Der Untergang legt ein unmerklich spöttisches Lächeln golden in die Falten seines edlen Mundes. Aber dass nur sein Kopf auf dem Sockel steht! Nicht seine Büste! Ich hätte ihm so gern zum Abschied die Hand geküsst. Aber vielleicht ist es besser so. Und ginge es ihm sonst wie dem Heiligen Petrus in einer italienischen Kirche, dem seine Anbeter mit der Zeit die Zehe weggeküsst haben. – Leb wohl, heiliger Dichter! Leb wohl, Geliebter der Welt!

Claire Goll: : Visitenkarten auf Heines Grab (1928)

Auf dem Friedhof am Montmartre
Weint sich aus der Winterhimmel
Und ich spring mit dünnen Schuhen
Über Pfützen, darin schwimmen
Kippen, die sich langsam öffnen
Kötel von Pariser Hunden
Und so hatt' ich nasse Füße
Als ich Heines Grab gefunden.

Unter weißem Marmor frieren
Im Exil seine Gebeine
Mit ihm liegt da Frau Mathilde
Und so friert er nicht alleine.
Doch sie heißt nicht mehr Mathilde
Eingemeißelt in dem Steine
Steht da groß sein großer Name
Und darunter bloß: FRAU HEINE

Und im Kriege, als die Deutschen
An das Hakenkreuz die Seine-
Stadt genagelt hatten,
störte Sie der Name HENRI HEINE!
Und ich weiß nicht wie, ich weiß nur
Das: er wurde weggemacht
Und wurd wieder angeschrieben
von Franzosen manche Nacht.

Auf dem Friedhof am Montmartre
Weint sich aus der Winterhimmel
Und ich sprang mit dünnen Schuhen
Über Pfützen, darin schwimmen
Kippen, die sich langsam öffnen
Kötel von Pariser Hunden
Und ich hatte nasse Füße
Als ich Heines Grab gefunden.

Wolf Biermann: Auf dem Friedhof
am Montmartre (1979)

FRIEDHOF PÈRE-LACHAISE

Der Père-Lachaise z.B., diese alte, berühmte Ruhestätte, übt nicht nur deshalb seinen Zauber auf den Besucher aus, weil hier so viele Unsterbliche begraben liegen, wie Balzac, Wilde, Moliere, Lafontaine, Delacroix, Corot, Chopin, Börne, Bizet, Moreau, Ney, Musset, Sarah Bernhardt und viele noch. Im Gegenteil, oft sind ihre Grabmäler bei weitem nicht die schönsten und stimmungsvollsten. [...] Der besondere Stimmungswert des Friedhofes liegt darin, dass auf seinen Gräbern statt der bei uns üblichen Gruftanlagen schmale, mit Türen und Fenstern versehene Häuschen stehen, die sich in den verschiedensten Weisen, ernst und doch wohnlich, innen mit Bildern, Geschenken und Blumen geschmückt, in bunter Reihe nebeneinander erheben. Man geht wie durch eine Märchenstadt, voller unbewohnter Kammern. Und wer an das Fortleben der Seelen glaubt, kann sich gut vorstellen, dass nachts die Abgeschiedenen in ihre kleinen Totenhäuser kommen und sich über die duftenden Blumen neigen, die man ihnen brachte.

Erich Kästner: Eine Stadt wird erobert (1929)

Auch ist der Père-Lachaise um die Ecke, eine kurze Prachtstraße führt auf das Tor zu, hinter dem Apollinaire und Wilde liegen, berühmtester Friedhof von Paris, die Allee lässt ein Château erwarten, doch die Toten bewohnen nur Grabmale aus Stein, liegen ganz ohne schwarzen Totenkult da, ohne Düsternis, auch wenn eine junge Studentin mir neulich sagte, man habe dort Spuren gefunden von Schwarzen Messen, eine neue Jugend mit einem alten Kult, die Toten liegen eingeteilt in Karrees, Divisionen genannt, und die Lebenden wohnen direkt an der Friedhofsmauer, hier Rue des Rondeaux, die schmalen Balkone erfreuen sich alter Bäume im Friedhofsgebiet, und die Mauer, die Toten sind gut beschützt, tragen einen Aufsatz aus Stacheldraht.

Undine Gruenter: Pariser Libertinagen (2005)

Einer unserer angenehmsten Besuche galt dem Père-Lachaise, dem Nationalfriedhof Frankreichs, dem ehrenvollen Ruheplatz einiger seiner größten und besten Söhne, der letzten Heimstätte Dutzender berühmter Männer und Frauen, die ohne Titel zur Welt kamen, aber durch ihre eigene Energie und ihre eigene schöpferische Kraft zu Ruhm gelangten. Es ist eine feierliche Stadt mit gewundenen Straßen und den winzigen Marmortempeln und -häusern der Toten, die aus einer Wildnis von Laub und frischen Blumen weiß hervorschimmern. Nicht jede Stadt ist so reich bevölkert wie diese oder umfasst mit ihren Mauern eine so große Fläche. Nur wenige Paläste gibt es in anderen Städten, die so prächtig in der Ausführung, so kunstvoll, so kostbar im Material, so anmutig und so schön sind.

Mark Twain: Die Arglosen im Ausland (1867)

DIE PARISER PASSAGEN

»Wir haben«, sagt der illustrierte Pariser Führer [...] vom Jahre 1852, »bei den inneren Boulevards wiederholt der Passagen gedacht, die dahin ausmünden. Diese Passagen, eine neuere Erfindung des industriellen Luxus, sind glasgedeckte, marmorgetäfelte Gänge durch ganze Häusermassen, deren Besitzer sich zu solchen Spekulationen vereinigt haben. Zu beiden Seiten dieser Gänge, die ihr Licht von oben erhalten, laufen die elegantesten Warenläden hin, so dass eine solche Passage eine Stadt, eine Welt im Kleinen ist, in der der Kauflustige alles finden wird, dessen er benötigt. Sie sind bei plötzlichen Regengüssen der Zufluchtsort aller Überraschten, denen sie eine gesicherte, wenn auch beengte Promenade gewähren, bei der die Verkäufer auch ihren Vorteil finden.« Diese Stelle ist der locus classicus für die Darstellung der Passagen, denn aus ihr entspinnen sich nicht allein die divagations über den Flaneur und das Wetter, sondern auch was über die Bauweise der Passagen in wirtschaftlicher und architektonischer Hinsicht zu sagen ist, könnte hier seine Stelle finden. [...]

In den Passagen ist das sprödeste und das stärkste Material gebrochen, gewissermaßen geschändet worden. Mitte vorigen Jahrhunderts wusste man noch nicht, wie mit Glas und Eisen gebaut werden muss. Darum ist der Tag so schmutzig und trübe, der durch die Scheiben zwischen eisernen Trägern von oben hereinfällt. Eigentlich handelt es sich bei den Passagen nicht wie bei andern Eisenkonstruktionen um Erhellung des Innenraumes, sondern um Dämpfung des Außenraumes. Die Passage als Eisenkonstruktion bleibt an der Grenze des Breitraums stehen. Das ist ein entscheidendes Fundament für das »Altmodische« in ihrer Erscheinung.

Walter Benjamin: Das Passagenwerk (ca. 1929)

In der Avenue des Champs-Élysées zwischen neuen Hotels mit angel-sächsischen Namen wurden vor kurzem Arkaden eröffnet, und die neueste Pariser Passage tat sich auf. Zu ihrer Einweihung blies ein Monstreorchester in Uniform vor Blumenparterres und Spring-brunnen. Man staute sich stöhnend über Sandsteinschwellen an Spiegelscheiben entlang, sah künstlichen Regen auf kupferne Ein-geweide neuester Autos fallen, zum Beweis der Güte des Materials, sah Räder in Öl sich schwingen, las auf schwarzen Plättchen in Strasschiffren Preise der Lederwaren und Grammophonplatten und gestickten Kimonos. In diffusem Licht von oben glitt man über Fliesen.

Franz Hessel: Passagen (1929)

Der Abend war außerordentlich mild, und ein Platzregen hatte eine Menge Menschen in die Passage getrieben. Es war ein solches Ge-dränge, daß man nur mit Mühe langsam zwischen den Läden durch-kommen konnte. Unter den vom Reflex erglänzenden Schaufenstern herrschte eine grelle Beleuchtung, eine endlose Reihe von Lichtern, weißen Glasglocken, roten Laternen, blauen Transparenten, Gas-lampen, riesigen erleuchteten Fächern und Uhren; das bunte Farben-gemisch der Schaufenster, die Goldwaren der Juweliere, die Kristall-schüsseln der Konditoreien, die hellen Seidenwaren der Modistinnen erglänzten hinter den spiegelblanken Scheiben im grellen Licht-schein der Reflektoren, während unter dem Gewirr von buntbemal-ten Aushängeschildern ein ungeheurer roter Handschuh wie eine blutende, abgeschnittene Hand mit einer gelben Manschette wirkte.

Emile Zola: Nana (1880)

DIE MÉTRO

Ich liebe die Métro. Die Straße vor und zur nächsten Station laufen, ist immer ein *Weg*laufen, und schon beim Abstieg, im Anprall dieses warmen, dumpffauligen Aufwinds, der einen anfällt und packt, dass man sich dagegen stemmen muss und nach den wegflatternden Mantelstößen greift, an den paar empor und ans Tageslicht steigenden Unbekannten vorbei, die ich grüßen möchte, ich grüße sie insgeheim, schon beim Abstieg wird mir immer gleich wohl und leichter. Unten habe ich immer dieses Solidaritätsgefühl, weil ich vor lauter Mitlaufen, Mitgehen ganz von mir absehen kann, ganz von mir frei komme. Mehr noch als an den Stationen empfinde ich es in den langen hallenden Gängen, die man beim Umsteigen von einer Linie zur anderen zu durchqueren hat. [...]. Und manchmal irren Töne und Fetzen von Melodien herum in diesen unterirdischen Gängen, die stammen von Musikern, immer sind da unten Musikanten, die ihren Teller oder Geigenkasten oder sonstwas, auch nur einen Fetzen Papier, vor sich liegen haben, um so an die Mildtätigkeit der Passanten zu appellieren.

Paul Nizon: Das Jahr der Liebe (1981)

Heute war es in der zweiten Klasse der Métro genau so voll wie abends um sieben zwischen Nollendorfplatz und Zoo. Eng aneinandergepresst stehen die Leute, es geht liebenswürdig und ohne Krach ab. Nur kommt es in der Enge manchmal vor, dass mancher ein bisschen galant wird . . . Alles ist ganz still. Auf einmal sagt eine feine Mädchenstimme in der Stille: »Germaine, tu vas prêter tes fesses à monsieur – car moi j'en ai assez!« Jetzt werden Sie nachsehen, was »fesses« heißt, und dann ist das Unglück fertig.

Kurt Tucholsky: Pariser Tage (1925)

Aber ein anderes System von Galerien, die unterirdisch durch Paris sich hinziehen: die Métro, wo am Abend rot die Lichter aufglühen, die den Weg in den Hades der Namen zeigen. Combat – Élysée – Georges V – Etienne Marcel – Solférino – Invalides – Vaugirard haben die schmachvollen Ketten der rue, der place von sich abgeworfen, sind hier im blitzdurchzuckten, pfiffdurchgellten Dunkel zu ungestalten Kloakengöttern, Katakombenfeen geworden. Dies Labyrinth beherbergt in seinem Innern nicht einen, sondern Dutzende blinder, rasender Stiere, in deren Rachen nicht jährlich eine thebanische Jungfrau, sondern allmorgendlich tausende bleichsüchtiger Midinetten, unausgeschlafener Kommis sich werfen müssen.

Walter Benjamin: Das Passagen-Werk (ca. 1930)

Aus dem Bett der Geliebten kommend, an einem frühen Morgen mit der Métro die Stadt zu durchqueren: Das ist ein Glück. [...] Du fröstelst und steigst die Stufen zur Métro hinab. In den Gängen noch der Geruch von gestern. Von vorgestern, von vorvorgestern, von lange her, von ... – ein Geruch nach Mief und Staub, unverwechselbar: Auch das ist ein Glück. Du sitzt auf der Bank. Schläfrig, noch träge der Körper. Die Haut noch zwischen den warmen Laken. Die Métro rast in Richtung Madeleine. In der Haut noch der sanfte Druck der Nacht. [...] Und dann steigst Du, an einem anderen Ende der Stadt, in den Morgen. Zuerst, an der untersten Stufe, siehst du nur Himmel, noch bleiern, noch zwielichtig, schon klar, transparent. Auftauchen, emporsteigen, Eintauchen, in den Boulevard, den gedrängten lebendigen Tag.

Undine Gruenter: Früher Morgen in der Métro (2005)

Von dem ganzen Treiben berauscht, brauchte Zazie einige Zeit, bis sie bemerkte, dass nicht weit von ihr entfernt ein barockes Schmiedewerk, das auf dem Bürgersteig aufgestellt war, die Inschrift Métro trug. Sofort vergaß Zazie das Schauspiel der Straße und näherte sich, den Mund trocken vor Erregung, der Öffnung. Mit kleinen Schritten ging sie um das Schutzgeländer herum, bis sie schließlich den Eingang entdeckte. Aber das Gitter war heruntergelassen. Eine hängende Schiefertafel trug eine mit Kreide geschriebene Inschrift, die Zazie mühelos entziffern konnte. Der Streik dauerte an. Ein Geruch von eisenhaltigem, entwässertem Staub stieg gemach aus dem verbotenen Abgrund. Vom Schmerz überwältigt, begann Zazie zu weinen.

Raymond Queneau: Zazie in der Métro (1959)

Einmal war er mit der Métro der Linie 9 durch ganz Paris gefahren, nur um zu erkennen, was die Reklamewandbemalung für DUBONNET genau darstellt, an der man in den dunklen Schächten zwischen den Métrostationen in regelmäßigen Abständen vorbeifährt. Der Zug fuhr so schnell, dass er immer nur denselben kleinen Teil der Reklamefläche sah, nie das Ganze, und aus dem Teil nicht klug wurde. Eigentlich hatte er schon in der Stadtmitte aussteigen wollen, aber so fuhr er bis zur PORTE DE CHARENTON am Südostrand von Paris, wo der Zug an einer Baustelle langsamer fuhr, bis er endlich sah, dass die undefinierbaren Flecken bunte Wolken darstellten und die Kugel davor eine Art Sonnenglobus mit den Farben aller Länder, in denen DUBONNET getrunken wurde …

Peter Handke: Die Stunde der wahren Empfindung (1975)

Die unnatürliche Gleichgültigkeit der Passagiere, mit der sie die Fahrt in der Métro hinnehmen, wurde deutlicher. Das sich gegen die Glastüre wenden, das Aussteigen Einzelner an unbekannten Stationen weit von der Oper wird als launenhaft empfunden. Sicher ist in den Stationen trotz der elektr. Beleuchtung das wechselnde Tageslicht zu bemerken, besonders wenn man gerade hinuntergestiegen ist, merkt man es, besonders dieses Nachmittagslicht, knapp vor der Verdunkelung. […] Schrecklich war der Lärm der Métro, als ich mit ihr zum erstenmal im Leben vom Montmartre auf die großen Boulevards gefahren bin. Sonst ist er nicht arg, verstärkt sogar das angenehme ruhige Gefühl der Schnelligkeit.

Franz Kafka: Tagebuch (1911)

Sie nahm die Métro Linie 14 Richtung Olympiades, stieg in den vordersten, spärlich besetzten, kühlen Wagen und setzte sich ganz allein vor die große Panoramascheibe des automatisch gesteuerten Zuges. Bewegungslos raste sie mit 40 Stundenkilometern, ohne Fahrer, hinaus in die Nacht des Pariser Untergrunds, einer Reihe Tunnel und den alle 40 Meter aufleuchtenden Notlichtern folgend. In der Gare de Lyon stieg sie aus. Sie kletterte in den Bus der Linie 65, der hier seine Fahrt nach Aubervillier aufnahm, immer dem Richtung Stadtgrenze wachsenden städtischen Dreck nach, bis dann hinter dem Périphérique das Maximum menschlichen Müllausstoßes erreicht war. Sie wollte einen Regenbogen sehen. Einen sozialen Regenbogen. Einen negativen Regenbogen, rosasilbern im Zentrum der Hauptstadt, sorgengrau in letzter Konsequenz.

Frédéric Ciriez: Auf den Straßen von Paris (2013)

Die Métro ist wegen ihrer leichten Verständlichkeit für einen erwartungsvollen und schwächlichen Fremden die beste Gelegenheit, sich den Glauben zu verschaffen, richtig und rasch im ersten Anlauf in das Wesen von Paris eingedrungen zu sein. Die Fremden erkennt man daran, dass sie oben schon auf dem letzten Absatz der Métrotreppe sich nicht mehr auskennen, sie verlieren sich nicht, wie die Pariser, aus der Métro übergangslos in das Straßenleben. Auch stimmt beim Herauskommen die Wirklichkeit erst langsam mit der Karte überein, da wir auf diesen Platz, wo wir jetzt nach dem Heraufkommen hingestellt sind, niemals zu Fuß oder zu Wagen gekommen wären, ohne Führung der Karte.

Franz Kafka: Tagebuch (1911)

DER LOUVRE

Hinter der Venus von Milo, im Pariser Louvre, steht ein kleines Bänkchen, auf das habe ich mich neulich gesetzt. Von der Venus sah ich nur den dunkeln, unbeleuchteten Rücken. Die Besucher standen in voller Tageshelle. Es rückten an die Völker der Erde, in schlenderndem Museumsschritt, schon ein wenig müde vom vielen Spazierengehen, und von weitem sah man die Stumpfheit ihrer Gesichter. Wenn sie sich aber der Venus näherten, dann wechselte der Ausdruck. Die meisten waren etwas befangen und traten mit einem Gesicht näher, das Männer machen, wenn sie einen Frack anhaben und einen etwas zu hohen Kragen. Sie gaben sich innerlich alle einen Bildungsruck und »nahmen Haltung an«. Also das ist sie... Selbst die Frauen machten häufig eine halbe Verbeugung – aber nur, wenn sie allein waren –, manche lächelten wie ertappt. Es gab auch Offensivgeister, die traten rasch und resch in den kleinen hohen Raum: »Na sahrn se ma – Sind Sie denn nu wirklich so schön, wie es immer heißt? Das wollen wir gleich ma sehn – !« [...]

Ich persönlich möchte ja nicht die Venus sein. Hinterließen Augen Flecken: sie müsste aussehen wie eine Pardelhaut. Und wieviel Gleichgültige sehen sie an! Wieviel Konvention ist dabei, Mussbesuch, Pflichtspaziergang im Louvre – (»Und nun noch der Eiffelturm und die Oper – und dann ham was geschafft – !«). Ein Museum ist eine Sache. Aber vielleicht darf man sich überhaupt nicht hinter die Objekte setzen. Denn was man da so im Laufe der Zeit zu sehen bekommt, lässt einen bald abstumpfen, weil es sich tausendfach wiederholt, weil die Phantasie der Menschen gering ist und ihre Spielarten noch kleiner [...]

Kurt Tucholsky: Hinter der Venus von Milo (1926)

Ich kann den Blick nicht von dir wenden.
Denn über deinem Mann vom Dienst
hängst du mit sanft verschränkten Händen
und grienst.

Du bist berühmt wie jener Turm von Pisa,
dein Lächeln gilt für Ironie.
Ja ... warum lacht die Mona Lisa?
Lacht sie über uns, wegen uns, trotz uns, mit uns, gegen uns –
oder wie –?

Du lehrst uns still, was zu geschehn hat.
Weil uns dein Bildnis, Lieschen, zeigt:
Wer viel von dieser Welt gesehn hat –
der lächelt, legt die Hände auf den Bauch
und schweigt.

Kurt Tucholsky:
Das Lächeln der Mona Lisa (1928)

Seit jeher hatte ich, ohne dass ich mir's recht gestehen wollte, eine geheimnisvolle Abneigung gegen das unergründliche Lächeln der Mona Lisa. Ich hatte es noch nicht gesehen, aber es verfolgte mich seit dem ersten Blick in eine Zeitung, denn meine Bestimmung war es ein Leben lang, mehr Kunstkritiken als Bilder zu betrachten. Aber nicht nur in Kunstkritiken, auch in Literaturkritiken trat mir das unergründliche Lächeln der Mona Lisa entgegen, es fehlte – lange ehe es in den Leitartikel kam – in keinem Feuilleton, und kaum ein Sonntagsplauderer lebte, der nicht der geheimnisvollen Pragerin, die auf der Ischler Esplanade Furore machte, das besondere Merk- mal nachrühmte, dass sie das unergründliche Lächeln der Mona Lisa habe. Wie mir »das alte Wien des Canaletto« durch die häufige literarische Verwendung dieses Malers unsympathisch wurde, so machte sich mir die Mona Lisa durch eine Eigenschaft verhasst, die sie mit jedem Journmädel zu teilen schien.

Dieses Vorurteil nun wurde vom Anblick des Originals nicht besiegt, sondern im Gegenteil fand ich, dass es nicht bald etwas Reizloseres, Altjüngferlicheres geben könne als das Lächeln der Mona Lisa, auf deren Geheimnis ich nicht neugierig war und die mir günstigsten Falls den seichten Glauben an die Unergründlichkeit der Frauen- seele zu belächeln schien. Aber vor allem in einem Punkte unter- schied ich mich von den Tausenden und Abertausenden: ich gab – ohne von der Kunst der Farbe viel mehr zu verstehen als sie – die Möglichkeit zu, dass Lionardo auch dann ein großer Maler ge- worden wäre, wenn die Gioconda zufällig ohne Lächeln auf die Welt gekommen wäre, und dass er ein Künstler war, selbst wenn sie ein Scheusal war.

Karl Kraus: Mona Lisa und der Sieger (1911)

Dass jedermann freien Zutritt in diese Säle hat, ist wohl schön und löblich; allein wenn mittwochs und sonnabends ganze Scharen Pöbels, Fischweiber, Soldaten, Bauern in Holzschuhen, Sackträger, mit dem Hut auf dem Kopf und die Tabakspfeife in der Hand, unter gemeinen Scherzen und rohem Lachen, auch wohl unter Stoßen und Drängen, zwischen den Geniuswerken sich herumtreiben, dann überfällt uns doch ein schmerzlicher Jammer, und wir erkennen die Wahrheit des Dichterwortes: »Werke des Geistes und der Kunst sind für den Pöbel nicht da.«

Karl August Varnhagen von Ense: Denkwürdigkeiten des eigenen Lebens (1810)

Den zweiten Tag wollte ich natürlich in den Louvre und fragte Pascin, ob er mich dort nicht führen wolle. Er gab mich aber in die Obhut seiner Freundin Hermine-Lionette, einer entzückenden Pari- serin, der ich mich sehr gern anvertraute. Das Unglück wollte es jedoch, dass Hermine-Lionette die Urenkelin des Revolutionsmalers Jacques-Louis David war und mich daher mit blitzartiger Geschwin- digkeit an den herrlichen Werken der Renaissance, an der Mona Lisa und allen übrigen Sehenswürdigkeiten vorbeischleppte, um mich dann stundenlang vor den mächtigen Schinken ihres berühm- ten Ahnen festzuhalten, deren lobenswerte Tendenz mich mit ihrer theatralischen Aufmachung kaum ganz aussöhnen konnte. Tags darauf und dann noch oft ging ich allein in den Louvre und sah mehr, und als ich später einmal von dem bedeutenden Graphiker Rudolf Großmann darin herumgeführt wurde, sah ich viel.

Erich Mühsam: Pariser Eindrücke (1927)

Der gewaltige Innenhof des Louvre, die schwungvollen Flügel dieses kolossalen und eleganten Bauwerks, die unvollendeten Bogengänge der Tuilerien vor ihm, die sich im nebligen Dunst und sanften, ergrauenden Licht verloren – die ganze gewaltige Szenerie in all ihrer Weitläufigkeit, Kraft und betörend ätherischen Anmut – so machtvoll wie die alte, zinnenbewehrte Zeit und zugleich so zart und berückend wie Musik, gespielt auf einem Spinett – strömte in einer harmonischen Bewegung voller Großzügigkeit, Majestät und eleganter Schönheit zusammen [...]

Thomas Wolfe: Von Zeit und Fluss (1935)

Im Louvre von einer Bank zur anderen. Schmerz, wenn eine ausgelassen wird. – Gedränge im Salon Carré, erregte Stimmung, gruppenweises Stehn wie wenn die Mona Lisa gerade gestohlen worden wäre. – Annehmlichkeit der Querstangen vor den Bildern, an denen man lehnen kann, besonders im Saal der Primitiven. – [...] Venus von Milo, deren Anblick bei dem langsamsten Umgehn schnell und überraschend wechselt. Leider eine erzwungene (über Taille und Hülle), aber einige wahre Bemerkungen gemacht, zu deren Erinnerung ich eine plastische Reproduktion nötig hätte, besonders darüber, wie das gebogene linke Knie den Anblick von allen Seiten mitbestimmt, manchmal aber nur sehr schwach. Die erzwungene Bemerkung: Man erwartet, dass über der aufhörenden Hülle der Leib sich gleich verjüngt, er wird aber zunächst sogar noch breiter. Das fallende vom Knie gehaltene Kleid.

Franz Kafka: Tagebuch (1911)

SAINT-SULPICE

Je hais les tours
de Saint-Sulpice,
quand par hasard
je les rencontre,
je pisse
contre!

Ich hasse die Türme
von Saint Sulpice,
find ich sie mal
auf meinen Wegen,
piss ich
dagegen!

Raoul Ponchon

Nach Notre-Dame die schönste Kirche in Paris. Die Façade prächtig, ohne gerade schön zu sein. Die doppelt übereinander gestellten Säulen wollen mir nicht gefallen. Das Innere wunderschön. Nichts ist gefährlicher, als auf Säulen am Äußern eines Gebäudes innen Pilaster folgen zu sehen.

Franz Grillparzer: Tagebuch (1836)

Die nahe Place Saint-Sulpice zeichnet sich durch eine der hässlichsten Kirchen von Paris aus. Immerhin hat Delacroix in jahrelangen Mühen eine Seitenkapelle rechts ausgemalt. Hier heiratete 1822 Victor Hugo seine Adèle. In seinen Memoiren berichtet er bescheiden, dass er die junge Frau in der Hochzeitsnacht neunmal beglückt habe. (Was sie nicht daran hinderte, ihn einige Jahre später mit dem romantschen Autor Sainte-Beuve zu betrügen).

Georg Stefan Troller: Dichter und Bohemiens in Paris (2003)

Die Place Saint-Sulpice kräuselte sich im Licht der Straßenlaternen, ein paar scharf abgegrenzte Lichtpunkte glänzten hier und da vor uns in der Nacht. In der Mitte des Platzes stürzte das Wasser der Visconti-Fontäne über die Überlaufbecken, angestrahlt von den Strahlenbündeln der weißen Scheinwerfer lief durchsichtiges, bewegliches und wirbelndes Wasser die Brunnenschalen hinunter bis ins unterste Becken, in das der Regen ebenfalls ohne Unterlass fiel, Wasser, das sich mit Wasser mischte und brodelnd aufwallte, während die beiden Türme der Kirche Saint-Sulpice sich in goldbraunem, mächtigem, imposantem Profil hoch über dem Platz aufrichteten.

Jean-Philippe Toussaint: Nackt (2013)

NOTRE-DAME

Gewiss, die Notre-Dame-Kirche ist immer noch ein majestätischer und erhabener Bau. Doch wieviel sie auch im Älterwerden von ihrer Schönheit bewahrt hat, wie sollte man nicht trauern, ja aufbegehren, angesichts der Schäden und Verstümmelungen ohne Zahl, die die Zeit und die Menschen dem ehrwürdigen Denkmal einträchtig zugefügt haben, ohne jede Scham vor Karl dem Großen, der den Grundstein dazu gelegt, oder vor Philipp-August, der ihm den Schlussstein aufgesetzt hat? [...] Wenn wir die Muße hätten, miteinander die an der alten Kirche verübten Zerstörungen einzeln zu untersuchen, erwiese es sich, dass die Zeit den geringeren Anteil daran hat, der Mensch, insbesondere die sogenannte Fachwelt, den größeren.

Victor Hugo: Der Glöckner von Notre Dame (1831)

Sooft ich in Paris bin, versäume ich es niemals, zu den Chimären von Notre-Dame hinaufzusteigen. Ich kenne sie alle, und gehe oben die Brüstung entlang von einer zur anderen, ohne sie anzurühren. Da ist gleich die eigentliche, die berühmte Chimäre, der bittere Greif mit dem vom Wahnsinn wie ausgehöhlten Blick und den beiden weichen, weißen, ohnmächtigen Menschenhänden, die wie aus dem Fleisch der Lilie geschnitten sind. Dann das Käuzchen mit seinem Gefieder wie ein Bahrtuch, daneben der Adler mit dem Entenschnabel, der Panther, dem die Gier im Maul fest geronnen ist und der nun versucht, sie auszuspeien. Ich will nicht alle aufzählen, es sind welche da, die kein Name fasst. Unendlich rührend unter allen ist der kleine Elefant, er macht so entsetzlich kluge Augen, damit der Irrsinn ihn nicht vollends packe, der auch ihn hier in diesem bösen Lande leise berührt [...]

Rudolf Kassner: Die Chimären (1911)

Noch einmal Notre-Dame besehen. Dass die Arbeit viel roher ist als an unsern Kirchen, kein Zweifel. Dazu die Façade etwas gedrückt, obgleich schön. Das Schiff würde mir kaum gefallen, wenn es auch nicht geweißt wäre. Dafür die Nebengänge, besonders der links mit der Aussicht in eine Säulenhalle, schön. Sollten die Säulen des Schiffes schon bei der Erbauung so gewesen und in der Folge nichts daran geändert worden sein? [...] Die Breite der Façade sticht vorteilhaft gegen die Dürftigkeit jener der Stephanskirche in Wien ab. Was letztere auszeichnet, ist der Turm und das Innere. Das Hauptschiff von Notre-Dame will mir auch jetzt noch nicht gefallen. Die 4 Nebengänge aber, von denen die zwei äußersten sich um den Hochaltar herumschlingen, machen einen wunderbaren Eindruck. Was mir am Hauptschiffe nicht gefällt, ist das etagenmäßige Übereinandergebautsein von Säulen, Säulchen und Wänden.

Franz Grillparzer: Tagebuch (1836)

Wir gingen uns die Kathedrale Notre-Dame ansehen. Wir hatten schon vorher von ihr gehört. Es überrascht mich manchmal, wenn ich bedenke, wieviel wir tatsächlich wissen und wie intelligent wir sind. Wir erkannten sofort das monumentale, alte gotische Bauwerk; es sah aus wie auf den Abbildungen. Wir standen in einiger Entfernung, wechselten von einem Beobachtungspunkt zum anderen und blickten lange zu den hohen, viereckigen Türmen und zu der reichgeschmückten Fassade hinauf, die dicht mit verstümmelten, seit ewiger Zeit gelassen von ihren luftigen Thronen herabblickenden steinernen Heiligen besetzt ist.

Mark Twain: Die Arglosen im Ausland (1867)

Am nächsten Tag ging er zu Fuß zu seiner Dienststelle, bog in die Rue des Fossés-Saint-Bernard ein und schlenderte dann am Ufer der Seine entlang. Er blieb lange auf dem Pont de l'Archevêché stehen: Von dort aus hatte man, wie er fand, den schönsten Blick auf Notre-Dame. Es war ein prächtiger Oktobermorgen, die Luft war frisch und klar. Anschließend blieb er noch eine Weile auf dem Square Jean-XXIII stehen, beobachtete die Touristen und die Homosexuellen, die meist zu zweit dort spazieren gingen, sich küssten oder Hand in Hand liefen.

Michel Houellebecq: Karte und Gebiet (2010)

ARC DE TRIOMPHE

Das Allerschönste, woran ich mich in Paris erinnern kann, ist der Blick von der Place de la Concorde die Champs-Élysées hinauf, bis zum Arc de Triomphe. Das ist wirklich großartig.

Klaus Mann: Der Vulkan (1939)

Die französische Republik legte ihren »soldat inconnu« unter den Triumphbogen auf dem Platz des Sterns. Eine Steinplatte, über der ein ewiges, gasgenährtes Feuerchen flammt, deckt die Gruft [...] »Mort pour la patrie« steht eingemeißelt auf der steinernen Platte. Wer weiß, ob das stimmt? Vielleicht sollte es richtiger heißen: Mort par la patrie. Vielleicht war der letzte Gedanke des Mannes da unten ein Fluch gegen die Gewalten, die ihn zum Helden gepresst hatten.

Alfred Polgar: Der Unbekannte Soldat (1925)

Das blaue Licht brannte auf dem Grab des Unbekannten Soldaten. Die Kränze dorrten. Junge Engländer standen da, die weichen, grauen Hüte in den Händen und die Hände auf dem Hintern. Aufgebrochen aus dem Café de la Paix waren sie, das Grabmal zu sehn. Ein alter Vater dachte an seinen Sohn. Zwischen ihm und den jungen Engländern war das Grab. Tief unter den beiden lagen die Gebeine des Unbekannten Soldaten. Der Alte und die Jungen reichten sich über das Grab hinweg die Blicke. Es war ein stilles Einverständnis zwischen ihnen. Es war, als schlössen sie einen Pakt, den toten Soldaten nicht gemeinsam zu beklagen, sondern gemeinsam zu vergessen.

Joseph Roth: Flucht ohne Ende (1927)

Bis zum Arc-de-Triomphe ist es eine beträchtliche Strecke, man wird aber dafür belohnt, denn dieser Triumphbogen ist ohne Zweifel das stolzeste Siegeszeichen, das sich seit Jahrhunderten ein Held errichtet hat, er ist des Mannes würdig, dessen Ruhm er verkünden soll, und das ist in wenig Worten viel gesagt. Die Darstellungen der Kriegsfurie, so wie Napoleons, wie er das Schwert zieht, wie er es einsteckt, wie er gekrönt wird, sind herrlich, ebenso die Reliefs, die sie oben und unten umkränzen. Das ganze Werk besteht aus zwei grandiosen Bogen, die man kreuzweis durchschreiten kann und die oben in der Fassade zusammenlaufen.

Friedrich Hebbel: In Paris (1843)

Gegen den Triumphbogen hin und von dort nach dem Platz de la Concorde schwamm der ganze weite Weg in farbigem Feuer. Elektrische Flammen um den Triumphbogen, meilenlange Girlanden aus Gasflammen entlang den elysäischen Feldern, chinesische Laternen und europäische Talglichter in allen Fenstern. Der Platz de la Concorde mit seinem ägyptischen Obelisken, der schon vor dreitausend Jahren so manches Volksfest gesehen haben mag, strahlte taghell im Glanz des jüngsten Lichtes, der Elektrizität. Seine Springbrunnen schauerten Silber und Diamanten gegen den dunkeln Nachthimmel. Noch weiter nach Osten, hinter den schwarzen Kastanien des Tuileriengartens lagen in roter Glut der Louvre, das Palais Royal und die Ruinen der Tuilerien mit ihrem neuesten und schon brandgeschwärzten Wahrspruch »*Liberté, Fraternité, Egalité*!« auf den zerbröckelnden Mauern. Es war genug.

Max Eyth, Wanderjahre (1878)

PLACE DE LA CONCORDE

Es war die Zeit, in der in Paris die Angehörigen einer bestimmten Gesellschaftsschicht die Champs-Élysées bevölkern – wenn mit dem Wort bevölkern der Spaziergang dieser Damen und Herren bezeichnet werden darf. Es war, als würde sie jemand führen, wie man Tiere in den zoologischen Gärten oder in den Menagerien zur bestimmten Zeit des Tages herumführen mag; es war, wie man Museen für einige Stunden in der Woche öffnet und den Anblick seltener und alter Kostbarkeiten freigibt. Wer dirigierte diese Menschen? Wer legte sie aus, in diesem Museum, das Champs-Élysées genannt war, wer hieß sie herumgehen und sich drehen wie Mannequins? [...] Es waren keine Zufälle, es waren Gesetze.

Joseph Roth: Flucht ohne Ende (1927)

Man liebt Paris, weil die Place de la Concorde sich ständig im Kreise dreht, ein Riesenkarussell, das mit all seinen Monumenten, Fahrrädern, Blumenbeeten und Autobussen um den ägyptischen Obelisken wirbelt.

Klaus Mann: Der Wendepunkt (1942)

Die breite Allee wimmelte von Wagen, und soviel Spaziergänger waren rechts und links, dass sie wie zwei lange schwarze Bänder aussahen, die sich vom Arc de Triomphe bis zum Concordienplatz zogen. Die Sonne strahlte mit aller Macht auf alles das nieder, so dass der Lack der Wagen, das Metall an den Geschirren, die Wagengriffe blitzten. Wie trunken wogten Fußgänger, Equipagen und Pferde durcheinander, und am anderen Ende starrte der Obelisk wie aus einem Goldmeere empor.

Guy de Maupassant: Der Spazierritt (1882)

Und unter dem allen hin, niedrig, immer noch die Place de la Concorde und die Bäume der Champs-Élysées, schattig, von zu Grün vereinfachtem Schwarz, unter den Westwolken. Rechtshin helle Häuser, sonnig angeweht, und ganz im Hintergrund in blauem Taubengrau nochmals Häuser, in Plans geschlossen, mit steinbruchhaften, gradlinig abgesetzten Flächen. Und plötzlich kommt man in die Nähe des Obelisken (um dessen Granit herum immer ein wenig blonder alter Wärme flimmert und in dessen Hieroglyphenhöhlungen: in der immer wieder vorkommenden Eule, altägyptisches Schattenblau sich hält, eingetrocknet wie in Farbenmuscheln) [...]

Rainer Maria Rilke: Brief an Clara Rilke (1907)

Zittert und wackelt vielleicht wirklich der große Obelisk, weil es ihm graut, sich auf solchem gottlosen Boden zu befinden, er, der gleichsam ein steinerner Schweizer in Hieroglyphenlivree jahrtausendelang Wache hielt vor den heiligen Pforten der Pharaonengräber und des absoluten Mumientums? Jedenfalls steht er dort sehr isoliert, fast komisch isoliert, unter lauter theatralischen Architekturen der Neuzeit. [...] Es ist ganz wahr, dass man von seinem baldigen Sturze spricht. Es heißt: im stillen Sonnenbrand am Nil, in seiner heimatlichen Ruhe und Einsamkeit, hätte er noch Jahrtausende aufrecht stehenbleiben können, aber hier in Paris agitierte ihn der beständige Wetterwechsel, die fieberhaft aufreibende, anachische Atmosphäre, der unaufhörlich wehende feuchtkalte Kleinwind, welcher die Gesundheit weit mehr angreift als der glühende Samum der Wüste; kurz die Pariser Luft bekomme ihm schlecht.

Heinrich Heine: Lutezia (1841)

ABSCHIED VON PARIS

Das also bist du, Stadt der tausend Fabeln.
– Am *Gare du Nord* taucht Filmkulisse auf.
Noch bin ich fremd und denke in Vokabeln.
Paris, sei gut zu mir und tu dich auf!

Nun, heimwärts, fällst du mir im Dämmer ein:
Die großen Kirchen, winzigen Spelunken,
Der erste Café-crème, am Zinq getrunken,
Die Seine-Ufer im Laternenschein.

Ihr kleinen Mädchen auf den Métro-Bänken,
Du Strohhut-Cavalier mit Vorkriegsbart.
Doch muss ich auch der Miss im Louvre denken:
»*Oh, look this picture! Rembrandt? Very smart.*«

Verschlafene Frühe in Montmartregassen,
Die Fensterkatze auf kariertem Bett,
Und morgengrau verlassner *Bal musette*
mit welkem Strauß und leergetrunknen Tassen ...

Ich fand dich anders, als im Buch beschrieben.
Im Reiseführer fehlte das und dies.
– Doch zu den Millionen, die dich lieben,
Zähl bitte auch M.K. hinzu, Paris!

Mascha Kaléko: Momentaufnahme: Paris (1938)

Rainer Moritz
GEFANGEN IN PARIS

Zum ersten Mal in Paris. Wer für die Stadt nur die geringste Zuneigung besitzt, wird diese Initiation nie vergessen. Siebzehn war ich wohl, als sich endlich die Gelegenheit bot, nach Paris aufzubrechen. Meine Leidenschaft für alles Französische war gerade erwacht. Ich fand Existentialismus irgendwie toll, las – der Nouveau Roman stand hoch im Kurs – Robbe-Grillet und Sarraute, die Gedichte Préverts, Camus' *Der Fremde* und Flauberts Roman *Madame Bovary*, dessen Heldin sich aus der Provinz fortträumt und mit den Fingerspitzen über einen Pariser Stadtplan wandert. Ich hörte Chansons von Juliette Gréco, Jean Ferrat und Michel Sardou, mochte Sempés Zeichnungen, auf denen sehr kleine Menschen in der unüberschaubaren Metropole zu verschwinden drohen. Und stellte kulinarisch ein Entrecôte natürlich über einen Zwiebelrostbraten und einen Croque-monsieur über einen Schinkenkäsetoast deutscher Provenienz.

Paris, das atmete aus der schwäbischen Ferne eine Atmosphäre der Weltläufigkeit und der Leichtigkeit. Paris, so dachte ich mir, ist mit nichts anderem zu vergleichen, ist von nicht zu überbietender Anziehungskraft (und ehrlich gesagt, denke ich das bis heute …). Kein Wunder also, dass ich mich sofort meldete, als das Oberschulamt Stuttgart einen Gymnasiasten suchte, der eine Mittelstufenklasse auf ihrer Zugreise nach Paris, wo Gasteltern warteten, begleitete. Sieben Stunden dauerte damals die Fahrt von Stuttgart bis zur Gare de l'Est.

Zwei Übernachtungen schenkte das Oberschulamt mir, in einem kleinen, eher schäbigen Hotel an der Métro-Station Censier-Daubenton, das übertriebenerweise Maxim's hieß. Endlich in Paris, und ich tat, was man, wie ich gehört und gelesen hatte, so tat, wenn man in Paris ist: Ich flanierte lässig durch die Straßen, trank Dutzende »petits cafés«, fuhr die Stadt mit der Métro ab, ging – den Impressionisten auf der Spur – ins Musée Marmottan und kam mir weltgewandt, sehr pariserisch vor. Mein kleines Reisebudget reichte aus, um abends in einem Restaurant einzukehren, im Au cochon de lait in der Rue Corneille, nicht weit vom Jardin du Luxembourg. Stolz zählte ich meine Franc und bestellte ein dreigängiges Menü nebst einer halben Flasche Wein – wie gut ich mich fühlte, wie froh ich war, in Paris zu sein.

Dieses selige Gefühl ist geblieben. Sobald ich den scheußlichen Flughafen Charles de Gaulle hinter mir gelassen und das Herz der Stadt erreicht habe, strahle ich insgeheim, schaue kurz nach links und rechts, um mich davon zu überzeugen, dass sich die unverwechselbaren Häuser aus der Haussmann-Ära seit meinem letzten Besuch nicht verändert haben. Meine Liebe zu Paris ist ungebrochen, stärker geworden, weil ich die Stadt besser kenne inzwischen, Stammrestaurants habe, in denen mich der Patron, selbst wenn ich nur alle paar Monate vorbeischaue, mit Handschlag begrüßt, und in vielen Ecken brauche ich keinen Plan, um mich zu orientieren.

Irgendwann – früh sogar – musste ich schmerzhafterweise einsehen, dass es nichts Außergewöhnliches ist, für Paris zu schwärmen. Nein, ich war wahrlich nicht der erste Paris-Enthusiast, und als ich anfing, über Paris zu schreiben, überfielen mich Hemmungen beim Anblick der Regale voller Paris-Literatur. Claus Lorenzens Anthologie »Wer hier nicht war, ist nur ein halber Mensch« schlägt eine Schneise durch das Dickicht der Paris-Beschreibungen und -Beschwörungen und bietet eine staunenswerte Stimmenvielfalt. Gewiss, da findet man vertraute Namen von Heinrich Heine, Émile Zola, Marcel Proust über Kurt Tucholsky, Djuna Barnes, Julien Green, Wolfgang Koeppen bis zu Adrienne Monnier, Undine Gruenter und Michel Houellebecq. Doch wer wüsste auf Anhieb zu sagen, was Ludwig Uhland, Irène Némirovsky oder Gaito Gasdanov zu Paris eingefallen ist?

So lädt diese Sammlung dazu ein, Geläufiges wiederzuentdecken und Neues kennenzulernen, und zum Glück beschränkt sie sich nicht auf die touristischen Must-Haves von Sacré-Cœur bis Eiffelturm, sondern taucht ein in jene Arrondissements, die in der Regel von Besucherströmen nicht behelligt werden. Zum Beispiel in den Pariser Süden, ins 13. Arrondissement, dem Reiseführer lieblos attestieren, aus touristischer Sicht bedeutungslos zu sein. Dort immerhin, nicht weit vom Parc Kellermann entfernt, der es nie schaffen wird, mit dem Parc Monceau oder dem Parc des Buttes-Chaumont

zu konkurrieren, wohnte Mitte der 1950er-Jahre Günter Grass in der Avenue d'Italie und schrieb an der *Blechtrommel*, der er seinen Durchbruch als Schriftsteller verdankte.

Viele der literarischen oder essayistischen Texte über Paris teilen eine merkwürdige Erfahrung, die Erich Kästner exemplarisch festgehalten hat: »Die Bäume sind schöner in Paris als bei uns! Es scheint fast, als ob es den Bäumen, die man straßenlang pflanzt, besser bekommt, wenn man sie nicht mit Rekruten verwechselt und ein bisschen ungezwungen ansiedelt.« Ja, so erging es vielen, und so ergeht es mir bei jedem Aufenthalt: Man sieht in Paris Dinge, die man auch andernorts zu sehen bekommt, doch sie sind für den Dazustoßenden in ein anderes Licht getaucht, sie wirken gelassener, weniger angestrengt, und natürlich bilden wir uns als Nicht-Pariser ein, dass die Dinge auf die Menschen abfärben und diese gelassener, weniger angestrengt dem Leben gegenübertreten. Den Glauben daran zumindest will ich behalten. Denn Joseph Roth hat ja recht: »Wer hier nicht war, ist nur ein halber Mensch.«

Apropos Licht: Vielleicht hat es ja vor allem damit zu tun. Dass man, im Frühling zum Beispiel, wenn man an der Seine entlanggeht oder bis in den Parc de Bagatelle hinausfährt, Paris vor allem als eine Stadt der Lichtwechsel empfindet, die Boulevards und ihre Fassaden je nach Tageszeit in anderen Farben sieht. So ist diese Anthologie auf schönste Weise nicht nur aus zahlreichen, ganz unterschiedlichen literarischen Preziosen und Kuriositäten zusammengestellt. Nein, sie lebt erst durch Anita Ulrichs Aquarelle, an denen ich mich nicht sattsehen kann. Ob sie das Karussell oder die Bötchen im Jardin du Luxembourg, Schiffe auf der Seine, konzentrierte Boule-Spieler, Eisenbahngleise, Friedhofstreppen oder diskutierende Weintrinker an einem Bistro-Tisch einfangen – überall ist das Licht Protagonist des Geschehens, schimmert verklärende »Perlmutter-Blässe« (Klaus Mann) durch die Bäume und lässt Paris leuchten.

Was es mit dem Zauber dieser Stadt auf sich hat, lassen Anita Ulrichs Aquarelle erahnen. Das Geheimnis ergründen auch sie, zum Glück, nicht. Denn Paris will immer aufs Neue erobert werden. So wie es Paul Nizon in seinem Roman *Das Jahr der Liebe* beschrieben hat, jener Schweizer Nizon, der einst das Wagnis einging, als freier Schriftsteller zu leben, nachdem ihm eine Tante eine winzige Wohnung am Montmartre vererbt hatte, der »Selbsterneuerung« wegen in seine Sehnsuchtsstadt Paris zog und deren Alltagsfacetten er wie kaum ein anderer zu beschreiben versteht: »Es war die unendliche Stadt, und ich dachte an die Straßen und Plätze, ihre Namen, ich dachte an das Unten der Trottoire und Märkte, die Menschen, ich dachte die im Stein flüsternden Geschichten und Geschicke dazu. Ich werde nie an dich herankommen, verstoß mich nicht, nimm mich an: Stadt, dein Gefangener.«

LITERATURNACHWEISE

Altenberg, Peter: Nach Paris, nach Paris! In: Was der Tag mir zuträgt. (Erstdruck S. Fischer Verlag 1901); hier: 12.-13. Auflage 1924, S.244 - zit. bei www.zeno.org. (*S.15*)

Aragon, Louis: Aurélien. Roman. Aus dem Französischen von Lydia Babilas. List Taschenbuch 2007, S.65, 66, 77. © für die deutsche Ausgabe Ullstein Buchverlage Berlin; Claassen Verlag 1987. © 1944 by Éditions Gallimard, Paris (*S.59/42/23*)

Baldwin, James: Giovannis Zimmer. Aus dem amerikanischen Englisch von Miriam Mandelkow (Neuübersetzung 2020), S.55 und 89. Copyright © der deutschsprachigen Ausgabe dtv Verlagsgesellschaft München. © 1956 by James Baldwin. Copyright renewed (*S.29/33*)

Barnes, Djuna: Klagelied auf das linke Ufer (1941). In: Paris, Joyce, Paris. Aus dem Amerikanischen von Karin Kersten. Copyright © Verlag Klaus Wagenbach Berlin 1988. S.61, 69f. (*S.9 /12*)

Barthes, Roland: Der Eiffelturm. Aus dem Französischen von Helmut Scheffel. Suhrkamp Verlag Berlin 2015, S.10 f. Copyright © Éditions du Seuil 1965; für die deutsche Ausgabe Suhrkamp Verlag Berlin 2015 (*S.83*)

Beauvoir, Simone de: Memoiren einer Tochter aus gutem Hause. Aus dem Französischen von Eva Rechel-Mertens. Rowohlt Taschenbuch Verlag Reinbek bei Hamburg, 1968, S.253. Copyright © 1960 by Rowohlt Verlag GmbH Reinbek bei Hamburg (*S.89*)

Benjamin, Walter: Das Passagen-Werk. In: Gesammelte Schriften, herausgegeben von Rolf Tiedemann. Suhrkamp Verlag Frankfurt am Main 1991; Band V. I und II , S. 999, 83/211f, 135 f. (*S.56/96/100*).

Benn, Gottfried: Paris. In: Sämtliche Werke, Stuttgarter Ausgabe. In Verbindung mit Ilse Benn hrsg. von Gerhard Schuster. Band III: Prosa I. (1910-1932). Copyright © Klett-Cotta, Stuttgart 1987, S.142. Mit freundlicher Genehmigung des Verlags. (*S.6*)

Biermann, Wolf: Auf dem Friedhof am Montmartre. In: W. B.: Alle Lieder. Köln: Kiepenheuer & Witsch 1991, S. 311 f. Der Abdruck erfolgt mit freundlicher Genehmigung des Autors (*S.93*)

Buck, Pearl S.: Die Welt voller Wunder. Aus dem Englischen von Britta Mümmler. Deutsche Erstausgabe 2015, S. 233. Copyright © der deutschsprachigen Ausgabe dtv Verlagsgesellschaft München 2015. © 2013 by the Pearl S. Buck Family Trust (*S.46*)

Ciriez, Frédéric: Auf den Straßen von Paris. Roman. Aus dem Französischen von Hansgeorg Hermann. Edition Tiamat Berlin 2015, S. 241. Copyright © Verlag Klaus Bittermann Berlin 2015. Mit freundlicher Genehmigung des Verlags (*S.101*)

Dabit, Eugène: Hôtel du Nord. Roman. Aus dem Französischen und mit einem Nachwort von Julia Schoch. Copyright © der Neuübersetzung Schöffling & Co. Verlagsbuchhandlung Frankfurt am Main 2015, S.66. Mit freundlicher Genehmigung des Schöffling-Verlages (*S.37*)

Duras, Marguerite: Tourismus in Paris 1957; übers. von Karin Uttendörfer. In: Paris - Eine literarische Einladung. Herausgegeben von Karin Uttendörfer und Annette Wassermann. Verlag Klaus Wagenbach Berlin 2007, S.137. © des Originaltextes: »Tourisme à Paris« in »Outside«, Paris (P.O.L.) 1984, S.42 ff. (*S.12*)

Eyth, Max: Wanderjahre. Carl Winters Universitätsbuchhandlung Heidelberg 1913, S.71, 76f. (*S. 50 /113*)

Fargue, Léon-Paul: Der Wanderer durch Paris. Aus dem Französischen von Katharina Spann. Copyright © Insel Verlag Berlin 2012, S. 72 und 38 (*S.25/88*).

Flaubert, Gustave: Bouvard und Pécuchet. Aus dem Französischen übersetzt von Thomas Dobberkau. Rütten & Loening Berlin 1980, S.5. © Aufbau Verlage GmbH & Co. KG, Berlin 1980, 2008. Mit freundlicher Genehmigung des Aufbau Verlags (*S.36*)

France, Anatole: Zitiert bei Georg Stefan Troller: Dichter und Bohemiens in Paris. Literarische Streifzüge. Patmos Verlag GmbH & Co. KG 2008, © Artemis & Winkler Düsseldorf 2003, S.10 (*S.15*)

Gasdanov, Gaito: Nächtliche Wege. Roman. Deutsch und mit einem Nachwort von Christiane Körner. Copyright © für die deutschsprachige Ausgabe Carl Hanser Verlag München 2018, S.151. (*S.46*)

ders.: Das Phantom des Alexander Wolf. Roman. Deutsch und mit einem Nachwort von Rosemarie Tietze. Copyright © Carl Hanser Verlag GmbH & Co. KG München 2012, S.95. Mit freundlicher Genehmigung des Verlages. (*S.51*)

Gernhardt, Robert: Paris ojaja. In: Gesammelte Gedichte 1954-2006. Copyright © S. Fischer Verlag, Frankfurt am Main 2008, S.70 f. (*S.80*)

Goldschmidt, Georges Arthur: Der Ausweg. Eine Erzählung. Aus dem Französischen vom Verfasser. Copyright © für die deutschsprachige Ausgabe S. Fischer Verlag Frankfurt am Main 2014, S.122 (*S.23*)

Goll, Claire: Eine Deutsche in Paris. In: Arsenik. Eine Deutsche in Paris. Romane. Hrsg. und mit einem Nachwort von Barbara Glauert-Hesse. Wallstein Verlag Göttingen 2005, S.248. Copyright Claire Goll © Wallstein Verlag, Göttingen. (*S.90*)

dies.: Visitenkarten auf Heines Grab. In: Der gläserne Garten. Prosa 1917-1939. Hrsg . und kommentiert von Barbara Glauert-Hesse. Argon Verlag 1989, S. 104 f. Copyright Claire Goll © Wallstein Verlag, Göttingen. (*S.92*)

Goncourt, Edmond de: Zitiert bei Kluy, Alexander: Der Eiffelturm, Geschichte und Geschichten, Matthes & Seitz Berlin 2014, S.246 und Anm. 113 m.w.Nw. (*S.83*)

Grass, Günter: Beim Häuten der Zwiebel. Copyright © Steidl Verlag Göttingen 2006, S.472 f. Mit freundlicher Genehmigung des Steidl Verlags (*S.36*)

Green, Julien: Eine geheime Stadt. In: Paris. Deutsch von Helmut Kossodo. Deutscher Taschenbuch Verlag 1989, S.40 f. Copyright © 1983 Editions du Seuil. © der deutschsprachigen Ausgabe: Paul List Verlag München 1985 (*S.6*)

ders.: Pariser Landschaft. In: Paris (a.a.O.), S.103 f. (*S.16*)

ders.: Erinnerungen an glückliche Tage. Aus dem Französischen von Elisabeth Edl. Copyright © Carl Hanser Verlag München 2008, S.198, 195. (*S.34/48*)

Grillparzer, Franz: Reisetagebuch. In: Sämtliche Werke. Ausgewählte Briefe, Gespräche, Berichte. Vierter Band. Wissenschaftliche Buchgesellschaft Darmstadt 1965, S. 526f., 548, 556 (*S.85/108/110*)

Gruenter, Undine: Paris, Anfänge. In: Pariser Libertinagen. Herausgegeben von Katrin Hillgruber. Copyright © Carl Hanser Verlag München Wien 2005, S.24 (*S.50*)

dies.: Place Gambetta. In: Pariser Libertinagen (a.a.O.), S.65 (*S.94*)

dies.: Früher Morgen in der Métro. In: Pariser Libertinagen (a.a.O.), S.181f. (*S.100*)

Handke, Peter: Die Stunde der wahren Empfindung. In: Prosa 2, S. 233 und 211f. (2018). Copyright © Suhrkamp Verlag Frankfurt am Main 1975. Alle Rechte bei und vorbehalten durch Suhrkamp Verlag Berlin (*S. 52/101*)

Hartlaub, Felix: Dimanche - Île de Saint Louis. In: Kriegsaufzeichnungen aus Paris. Bibliothek Suhrkamp. Suhrkamp Verlag Frankfurt a.M. 2011, S. 43 (*S.32*)

ders: Place des Vosges (a.a.O.) S. 36 (*S.70*)

Hebbel, Friedrich: Brief an Julius Campe vom 10.12.1843. In: Paris, Briefe, Tagebücher, Gedichte. Besorgt von Gerhard F. Hering. Südverlag Konstanz 1948, S.94 (*S.7*)

ders: Tagebuch vom 24.11.1843 (a.a.O.) S.77 (*S.32*)

ders.: Brief an seine Frau Elise vom 3.10.1843 (a.a.O.) S.39 (*S.86*)

ders.: Tagebuch vom 20.11.1843 (a.a.O.) S.71 (*S.113*)

ders.: Tagebuch (a.a.O.) S.221 f.(*S.18*)

Hegner, Ulrich: Auch ich war in Paris. In: Gesammelte Schriften. Erster Band: G. Reimer Berlin 1828, S. 327, 206 f. (*S.18/33*)

Heine, Heinrich: Florentinische Nächte. In: Werke Bd. 2, Reisebilder, Erzählende Prosa, Aufsätze. Herausgegeben von Wolfgang Preisendanz. Insel Verlag Frankfurt am Main 1968, S.596 (*S.7*)

Heine, Heinrich : Französische Zustände. In: Werke Bd.3, Schriften über Frankreich. Herausgegeben von Eberhard Galley (Insel Verlag, a.a.O.), S.103 und 120 (*S.9/52*)

ders.: Geständnisse. in: Werke Bd.4; Schriften über Deutschland. Herausgegeben von Helmut Schanze (a.a.O) S. 490

ders.: Lutezia. Berichte über Politik, Kunst und Volksleben. Kapitel XXXVIII. In: Werke Bd.3 (a.a.O.), S.447 (*S.114*)

Hemingway, Ernest: Paris, ein Fest fürs Leben. Aus dem Englischen von Werner Schmitz. Copyright © 2011 Rowohlt Verlag Reinbek b. Hamburg. Veröffentlicht im Rowohlt Taschenbuch Verlag Reinbek b. Hamburg 2012, 14. Auflage 2020, S. 39f./35 f. (*S.24/32*)

Hessel, Franz: Paris. In: Sämtliche Werke in fünf Bänden. Hrsg. von Hartmut Vollmer und Bernd Witte. Igel Verlag Literatur Oldenburg 1999, Band 3, S.306 (*S.42*)

ders.: Mouffetard. (a.a.O.), Bd. 3, S.315 f. (*S.46*)

ders.: Pause in Paris. (a.a.O.), Bd. 3, S.323 (*S.65*)

ders.: Ein Garten voll Weltgeschichte (a.a.O.), Bd. 3, S.307 (*S.70*)

ders.: Der Zeigefinger von Paris (a.a.O.), Bd. 3, S.338 (*S.85*)

ders.: Passagen (a.a.O.), Bd. 1, S.33 (*S.97*)

Holitscher, Arthur: Der Narrenführer durch Paris und London (1925). S. Fischer Taschenbuch Verlag Frankfurt am Main 1986, S.23, 12, 33f., 26f. (*S.9/45/69/78*)

Houellebecq, Michel: Serotonin. Roman. Aus dem Französischen von Stephan Kleiner. Copyright © für die deutsche Ausgabe DuMont Buchverlag Köln 2019, S.43 und 88; Copyright © Michel Houellebecq Flammarion 2010 (*S.34/50*)

ders.: Karte und Gebiet. Roman. Aus dem Französischen von Uli Wittmann. Erste Auflage 2011, S.111 und 296. Copyright © für die deutsche Ausgabe: DuMont Buchverlag Köln 2011. Copyright © Michel Houellebecq / Flammarion 2010 (*S.68/111*)

Hugo, Victor: Der Glöckner von Notre Dame. Aus dem Französischen übersetzt von Hugo Meier. Fischer Klassik; S. Fischer Verlag 2012, 2. Auflage 2014, S.174. Die Übersetzungsrechte liegen beim Manesse-Verlag München, einem Unternehmen der Random House GmbH (*S.110*)

James, Henry: Die Gesandten. Roman. Übersetzt von Michael Walter. Herausgegeben von Daniel Göske. Copyright © für die deutsche Ausgabe Carl Hanser Verlag München 2015, S. 77f. (*S.73*)

Kafka, Franz: Tagebuch vom September 1911. In: Tagebücher. Herausgegeben von Hans-Gerd Koch, Michael Müller und Malcolm Pasley. Fischer Taschenbuch Verlag Frankfurt am Main 2002, S. 1002, 1007, 1008, ff. (*S.101/102/107*)

Kaléko, Mascha: Momentaufnahme: Paris. In: Das lyrische Stenogrammheft. Kleines Lesebuch für Große. Rowohlt Taschenbuch Verlag Reinbek bei Hamburg 1978, S.163. Copyright © 2015 dtv Verlagsgesellschaft München *(S.117)*

Kalisch, Ludwig: Paris und London. Erster Band: Paris. Literarische Anstalt J. Rütten, Frankfurt am Main 1851, S. 4, 7f. *(S.11/50)*

Kassner, Rudolf: Von den Elementen menschlicher Größe. In: Sämtliche Werke Band III, Klett Cotta Stuttgart 1976; 2. Auflage 2001, S.77. Mit freundlicher Genehmigung der Deutschen Schillergesellschaft Marbach am Neckar *(S.110)*

Kästner, Erich: Eine Stadt wird erobert. In: Zwischen hier und dort. Reisen mit Erich Kästner. Herausgegeben von Sylvia List. Atrium Verlag Zürich 2012, S.74 f.,71 und 75. Copyright © Thomas Kästner *(S.41/85/94)*

ders.: Jardin du Luxembourg. In: Zeitgenossen, haufenweise. Gedichte. Carl Hanser Verlag München Wien 1998, S. 46 f. Copyright © Atrium Verlag AG, Zürich 1928 und Thomas Kästner *(S.66)*

Kerouac, Jack: Lonesome Traveller. Deutsch von Hans Hermann. © für die deutsche Ausgabe 1981 by Rowohlt Taschenbuch Verlag Reinbek bei Hamburg; S.150 *(S.49)*

Koeppen, Wolfgang: Reisen nach Frankreich. In: Werke in 16 Bänden; Band 10: Reisen nach Frankreich und andere Reisen. Herausgegeben von Walter Erhart unter Mitarbeit von Anja Ebner und Arne Grafe. © Suhrkamp Verlag Frankfurt am Main 2008, S.136, 149 und 194. Alle Rechte bei und vorbehalten durch Suhrkamp Verlag Berlin *(S.12/37/70)*

Kracauer, Siegfried: Erinnerung an eine Pariser Straße. In: Straßen in Berlin und anderswo. Das Arsenal Berlin 1987, S.7. Copyright © Suhrkamp Verlag Berlin 2020 *(S.48)*

ders.: Straßenvolk in Paris; a.a.O. S. 93 *(S.56)*

Kraus, Karl: Mona Lisa und der Sieger. In: Untergang der Welt durch schwarze Magie. Kösel Verlag München 1960, S.43 *(S.106)*

Larbaud, Valery: Lob von Paris. In: Schriften der Neuen Schweizer Rundschau, herausgegeben, Übersetzung und Nachwort von Max Rychner. Verlag der Neuen Schweizer Rundschau Zürich 1930, S.31f. *(S.25)*

Lewis, Sinclair: Sam Dodsworth. Roman. Deutsche Übertragung von Franz Fein. Rowohlt Verlag Berlin. Sonderausgabe 1932, S.190f. *(S.58)*

Mann, Klaus: Der Wendepunkt. Ein Lebensbericht. Hrsg. und mit einem Nachwort von Fredric Kroll. Rowohlt Taschenbuch Verlag Hamburg bei Reinbek 2019, S.212, 213, 214 *(S.11/69/89/113)*

Mann, Klaus: Der Vulkan. Roman unter Emigranten. Rowohlt Taschenbuch Verlag Reinbek bei Hamburg, 5. Auflage 2010, S. 7 *(S.112)*

Maupassant, Guy de: Bel-Ami. Roman. Deutsch von Erich Marx. In: Werke. Verlag Kurt Desch, Wien, München, Basel 1958, S. 9. und 283. © (für die Übersetzung) Aufbau Verlag GmbH & Co. KG Berlin und Weimar 1957, 2008. Die Übersetzung erschien erstmals als Bd. 147 der Sammlung Dieterich, Leipzig. Diese ist eine Marke der Aufbau Verlage GmbH & Co. KG. Mit freundlicher Genehmigung des Aufbau Verlags *(S. 42/30)*

ders.: Menuett. Aus dem Französischen übersetzt von Helmut Bartuschek und Karl Friese. In: Werke (a.a.O.) S.453. © für die Übersetzung Aufbau Verlage GmbH & Co. KG Berlin 1959, 2008. Mit freundlicher Genehmigung des Aufbau Verlags *(S.69)*

ders.: La vie errante. Zitiert bei Lotz, Hans-Joachim: Paris. Eine literarische Entdeckungsreise, Lambert Schneider (Wissenschaftliche Buchgesellschaft), Copyright © WBG 2013, S. 168 *(S.83)*

ders.: Der Spazierritt. In: Mademoiselle Fifi. Novellen. Übersetzt von Georg Frhr. von Ompteda. Deutsche Verlagsanstalt Stuttgart, Berlin und Leipzig 1924, S. 210 *(S.113)*

Mehring, Walter: Von der Seine bis Montparnasse. In: Reportagen der Unterweltstädte. Berichte aus Berlin und Paris 1918 bis 1933. Igel Verlag 2001, S.86f. Copyright © Stiftung für Kultur und Jugend (vertreten durch M. Dreyfus) Zürich *(S.33)* Mit freundlicher Genehmigung der Stiftung.

ders.: Das vierte Arrondissement, a.a.O., S.117 *(S.58)*

ders.: Paris für Eilige. a.a.O., S.106 *(S.78)*

ders.: Paris in Brand. Roman. Claassen Verlag 1980, S. 10. Mit freundlicher Genehmigung der Stiftung für Kultur und Jugend (vertreten durch M. Dreyfus) Zürich *(S.86)*

Meißner, Alfred: Geschichte meines Lebens. Verlag der k.k. Hofbuchhandlung Karl Prochaska, Wien und Teschen 1885, Band 2, S.120 *(S.29)*

Miller, Henry: Ein Samstagnachmittag. Erzählung. Übertragung von Kurt Wagenseil. In: Henry Miller, Sämtliche Erzählungen. Rowohlt Verlag Reinbek bei Hamburg 1968, S.37. Aus dem Sammelband »Schwarzer Frühling« (Black Spring), © 1936 Henry Miller *(S.29)*

ders.: Land der Erinnerung. Berechtigte Übertragung aus dem Amerikanischen von Gerold Reinhart. Rowohlt Taschenbuchverlag 1967, S. 7 © 1947 by New Directions New York *(S.49)*

ders.: Stille Tage in Clichy. Aus dem Englischen von Kurt Wagenseil. Rowohlt Taschenbuch Verlag 1983, S.10. © 1968 by Rowohlt Verlag GmbH Reinbek bei Hamburg *(S.88)*

Miller, Henry: Wendekreis des Krebses. Roman. Deutsch von Kurt Wagenseil. Rowohlt Taschenbuch Verlag 1979, S.202. Copyright © 1962 by Rowohlt Verlag GmbH Reinbek bei Hamburg *(S.90)*

Modiano, Patrick: Abendgesellschaft. In: Pariser Trilogie. Abendgesellschaft, Außenbezirke, Familienstammbuch. Drei Romane. Aus dem Französischen von Walter Schürenberg. Suhrkamp taschenbuch 4618. Erste Auflage 2014, S.57. Copyright © Suhrkamp Verlag Berlin 2015. *(S.73)*

Monnier, Adrienne: Kleiner Spaziergang. In: Aufzeichnungen aus der Rue de l'Odeon. Schriften 1917-1953. Aus dem Französischen von Nicolaus Bornhorn. Copyright © Suhrkamp Verlag Frankfurt am Main 1998. Suhrkamp Taschenbuch 1998, S.259f. *(S.23)*

Montaigne, Michel de: Eine der edelsten Zierden der Welt. In: Essais. Erste moderne Gesamtübersetzung von Hans Stilet; erschienen als Sonderband der Anderen Bibliothek im Eichborn Verlag Frankfurt a.M. 1998, S.488. © für die Übersetzung Aufbau Verlage GmbH & Co. KG Berlin 1998, 2016. Mit freundlicher Genehmigung des Aufbau Verlags.*(S.16)*

Mühsam, Erich: Pariser Eindrücke. In: E.M. Gesamtausgabe Band 4; Prosaschriften II. Herausgegeben und mit Anmerkungen von Günther Emig. Verlag europäische ideen Berlin 1978, S. 134 *(S.106)*

Némirovsky, Irène: Pariser Symphonie. Übersetzt von Susanne Röckel. In: Paris mon amour. Pariser Liebesgeschichten. Diogenes Verlag 2017, S.198. Copyright © an der Übersetzung: Manesse Verlag Zürich in der Penguin Random House Verlagsgruppe GmbH, München. *(S.52)*

Nizon, Paul: Das Jahr der Liebe. Roman. © Suhrkamp Verlag Frankfurt a. M. 1984; alle Rechte bei u.vorbehalten durch Suhrkamp Verlag Berlin. Hier zitiert aus der Sammlung »Romane, Erzählungen, Journale« (2009), S. 413, 501, 516, 541f. *(S.18/41/90/99)*

Ortheil, Hanns-Josef: Paris, links der Seine. Copyright © Insel Verlag Berlin 2017, S.34,308 *(S.29/16)*

Orwell, George: Down and Out in Paris and London, Penguin Random House UK, Penguin Modern Classics 2020, S.94 f. Übersetzung: Monika Lorenzen *(S.85)*

Paul, Elliot : Das letzte Mal in Paris. Roman. Deutsch von Ludovica Hainisch-Marchet. S.198. © 2016 by the Estate of Elliot Paul, Maro Verlag Augsburg. Mit freundlicher Genehmigung des Maro Verlags *(S.30/52)*

Polgar, Alfred: Die großen Boulevards. In: Kreislauf. Kleine Schriften Band 2 . Herausgegeben von Marcel Reich-Ranicki in Zusammenarbeit mit Ulrich Weinzierl. Rowohlt Taschenbuch Verlag . Copyright © 1982 by Rowohlt Verlag GmbH, Reinbek bei Hamburg, S.185 *(S.45)*

Polgar, Alfred: Der unbekannte Soldat. In: Musterung. Kleine Schriften Band 1 (Hrsg. s.o.). S. 91 f. Mit freundlicher Genehmigung des Rowohlt Verlags *(S.112)*

Ponchon, Raoul: Saint Sulpice. Das in Frankreich weithin bekannte und oft zitierte Gedicht ist - soweit ersichtlich - nicht in einer Buchausgabe erschienen. (Übersetzung: Hrsg.) Bei Troller (a.a.O. S.91) wird es Arthur Rimbaud zugeschrieben.*(S.108)*

Proust, Marcel: Freuden und Tage. Aus dem Französischen und herausgegeben von Luzius Keller. Copyright © Suhrkamp Verlag Frankfurt am Main 1997, S. 143 f. *(S.73)*

Queneau, Raymond: Zazie in der Métro. Deutsch von Eugen Helmlé. edition suhrkamp 29 (1963), S.43. Copyright © Suhrkamp Verlag Frankfurt am Main 1960 *(S.101)*

Rilke, Rainer Maria: Brief an Clara Rilke vom 14.9.1905. In: Briefe. Herausgegeben vom Rilke-Archiv in Weimar. In Verbindung mit Ruth Sieber-Rilke besorgt durch Karl Altheim. Insel Verlag Wiesbaden 14.-15. Tsd. 1980, S.108 *(S.23)*

ders.: Brief an Clara Rilke vom 17.10.1907; a.a.O. S. 191 *(S.114)*

ders.: Die Aufzeichnungen des Malte Laurids Brigge. In: Werke. Kommentierte Ausgabe, Band 3: Prosa und Dramen. Herausgegeben von August Stahl. Frankfurt am Main und Leipzig: Insel Verlag 1996, S.20 *(S.26)*

ders.: Das Karussell (Jardin du Luxembourg) In: Ausgewählte Gedichte, ausgewählt von Katharina Kippenberg, Insel Verlag Leipzig o.J. (31.-45. Tsd.), Insel-Bücherei Nr. 400, S.39 f. *(S.64)*

Roth, Joseph: Brief an Benno Reifenberg vom 16. Mai 1925. In: Pariser Nächte, Feuilletons und Briefe. Herausgegeben von Jan Bürger, C. H. Beck Verlag 2018, S.14 *(S.7)*

ders.: Das Kind in Paris. In: Pariser Nächte; a.a.O., S.11f. *(S.65)*

ders.: Flucht ohne Ende. In: Werke 4. Romane und Erzählungen 1916-1929. Herausgegeben und mit einem Nachwort von Fritz Hackert. Kiepenheuer & Witsch Köln 1989, S.467, 482 und 486 *(S.17/112 f.)*

Roubaud, Jacques: Die Pariser Arrondissements. In: Paris, eine literarische Einladung. Hrsg. von Karin Uttendörfer und Annette Wassermann. Übersetzt von Karin Uttendörfer. Verlag Klaus Wagenbach Berlin 2007, S. 9. Copyright © Gallimard, Paris, 1999. Copyright © für die Übersetzung Verlag Klaus Wagenbach Berlin 2007 *(S.61)*

Schickele, René: Meine Freundin Lo. Eine Geschichte aus Paris. Paul Cassirer Berlin 1913, S.21 *(S.30)*

Schopenhauer, Arthur: Tagebuch vom 31.12.1803. In: Die Reisetagebücher von A.S. Herausgegeben von Ludger Lütgehaus. Haffmanns Verlag Zürich 1988, S. 103 f. *(S.74)*

Sieburg, Friedrich: Unsere schönsten Jahre. Ein Leben mit Paris. Rainer Wunderlich Verlag Hermann Leins, Tübingen und Stuttgart 1950, S.364, 391, 355. Mit freundlicher Genehmigung der Urheberrechtserben Friedrich Sieburgs *(S.8/74/86)*

ders.: Gott in Frankreich? Ein Versuch. Societäts-Verlag, 121.-134. Tsd. 1965, S. 140 f., 144 f., 147 f. Erstausgabe in der Frankfurter Societäts-Druckerei 1929. Mit freundlicher Genehmigung der Urheberrechtserben Friedrich Sieburgs. *(S.15/61/82)*.

Simenon, Georges: Maigret und sein Toter. Roman. Aus dem Französischen von Hansjürgen Wille, Barbara Klau und Sophia Marzolff. Kampa Verlag AG Zürich 2018, S.74. Copyright © 1948 by Georges Simenon Limited; für die deutschsprachige Ausgabe © 2018 by Kampa Verlag AG Zürich *(S.54)*

Toussaint, Jean Philippe: Nackt. Aus dem Französischen von Joachim Unseld. Copyright © Frankfurter Verlagsanstalt Frankfurt am Main 2014, S.91. Mit freundlicher Genehmigung des Verlages *(S.108)*

Troller, Georg Stefan: Dichter und Bohemiens in Paris. Artemis & Winkler Düsseldorf 2003 S.91; © 2008 Patmos Verlag GmbH & Co. KG *(S.108)*

Tucholsky, Kurt: »Immer raus mit der Mutter«, Ausschnitt aus dem Gedicht (»für Paul Graetz«), 1924. In: Gesammelte Werke (=GW) Band 3, 1921-1924. Herausgegeben von Mary Gerold-Tucholsky und Fritz J. Raddatz. Rowohlt Taschenbuch Verlag Reinbek bei Hamburg , 70.-179 Tsd. 1985, S.388 f. *(S.40)*
ders.: Das menschliche Paris. In: GW Band 3 (a.a.O) S. 396 *(S.7)*
ders.: Die Rue Mouffetard. In: GW Band 3 (a.a.O) S. 406 *(S.46/85)*
ders.: Das konservative Paris. In: GW Band 3 (a.a.O) S.455 *(S.51)*
ders.: Das Siebente. In: GW Band 4 (1925-1926 - a.a.O) S. 209 *(S.59)*
ders.: Dank an Frankreich (1927). In: GW Band 5, S. 134 *(S.24)*
ders.: Herr Wendriner in Paris (1926). In: GW Band 4 (a.a.O.) S. 432 *(S.78)*
ders.: Pariser Tage (1925). In: GW Band 4 (a.a.O.), S.61 *(S.99)*
ders.: Hinter der Venus von Milo (1926). In: GW (a.a.O). Band 4, S. 419 ff. *(S.104)*
ders.: Das Lächeln der Mona Lisa (1928). In: GW Band 6 (1928 - a.a.O.), S. 320 f. *(S.105)*
ders.: Unser ungelebtes Leben. Briefe an Mary. Herausgegeben von Fritz J. Raddatz, Rowohlt Verlag Reinbek bei Hamburg 1982. S.347, 387 *(S.5/41)*

Twain, Mark: Die Arglosen im Ausland. Deutsch von Ana Maria Brock. Insel Verlag Frankfurt am Main 1997, S. 152, 140, 131. Copyright © für die Übersetzung Aufbau Verlage GmbH & Co. KG, Berlin 1961, 1984, 2008. Mit freundlicher Genehmigung des Verlags *(S.78/94 / 110)*

Uhland, Ludwig: Uhlands Briefwechsel. Im Auftrag des schwäbischen Schillervereins, herausgegeben von Julius Hartmann. J.G. Cotta'sche Buchhandlung Nachfolger, Stuttgart und Berlin 1911, S. 176 *(S.89)*

Varnhagen von Ense, Karl August: Denkwürdigkeiten des eigenen Lebens. Band 1, Berlin, Holzinger, 4. Auflage 2018, S. 360 -zit. bei zeno.org. *(S.106)*

Vila-Matas, Enrique: Paris hat kein Ende. Roman. Aus dem Spanischen von Petra Strien. © Nagel & Kimche im Carl Hanser Verlag, München / Wien 2005, S.80 und 44 *(S.11 / 17)*

Wickert, Ulrich: Mein Paris. © Hoffmann und Campe Verlag Hamburg 2015, S.13 *(S.30)*

Wilde, Oscar: Le Jardin des Tuileries. In: The Complete Works of Oscar Wilde, Vol. I; Poems and Poems in Prose. Hrsg. Bobby Fong and Karl Beckson. Oxford University Press 2000 *(S.74)*

Wolff, Theodor: Pariser Tagebuch. Albert Langen Verlag für Litteratur und Kunst München 1908 - zitiert nach Projekt Gutenberg (projekt-gutenberg.org).*(S.8/69)*

Wolfe, Thomas: Von Zeit und Fluss. Übersetzt von Irma Wehrli. Copyright © für die Übersetzung bei Manesse Verlag, Zürich, in der Penguin Random House Verlagsgruppe GmbH, München 2014, S.915 und 852 *(S.26/107)*

Zola, Emile: Nana. Ein Pariser Sittenroman. Übersetzt von Fritz Wohlfahrt. Vollmer Verlag Wiesbaden-Berlin o.J., S. 163 f. *(S.97)*

Zweig, Stefan: Die Welt von Gestern. Erinnerungen eines Europäers. Insel Verlag Berlin 2013 (Insel Taschenbuch 4207); 4. Auflage 2016, S.156 und 159 *(S.12/56)*

HINWEIS: Die hier jeweils am Ende der Nachweise in Klammern rot und kursiv gesetzten Ziffern verweisen auf die Fundstelle des Zitats in dieser Anthologie.
Vereinzelt ist es nicht gelungen, den oder die Rechteinhaber am Originaltext oder der Übersetzung zu ermitteln bzw. vor Drucklegung auf mehrfache Nachfrage eine Stellungnahme zu entsprechenden Rechteanfragen zu erhalten. Insoweit wird gebeten, sich mit dem Verlag in Verbindung zu setzen.
Bei der Zusammenstellung von Texten aus mehreren Jahrhunderten würde es den durchgehenden Lesefluss und eine einheitliche Typographie erschweren, die jeweils zum Zeitpunkt der Erstveröffentlichung geltenden Regeln der Orthographie anzuwenden. Der Satz erfolgt deshalb grundsätzlich nach den aktuell geltenden neueren Rechtschreibregeln, es sei denn, der Autor oder die Rechteinhaber haben ausdrücklich etwas anderes bestimmt. Entsprechendes gilt für die einheitliche Schreibweise von fremdsprachlichen Begriffen wie Métro, Panthéon, Élysées etc.

ÜBER DIESES BUCH

Die vorliegende Ausgabe erscheint in einer Gesamtauflage von 2.000 Exemplaren. 150 arabisch nummerierten und signierten Vorzugsexemplaren im illustrierten Schuber ist eine aquarellierte Strichätzung auf Bütten mit einem Pariser Motiv beigefügt. Weiteren 30 signierten und römisch numerierten Luxusausgaben im Halbledereinband von Thomas Zwang (Hamburg) liegt zusätzlich ein Original-Aquarell von Anita Ulrich bei. Die Mehrzahl der hier abgedruckten Aquarelle kann im übrigen als Original auf Anfrage direkt bei der Künstlerin erworben werden (www.anita-ulrich.de). Die Reproarbeiten und die Bildbearbeitung übernahm Ludwig Venhaus in Großhansdorf. Druck und Einband: Beltz Grafische Betriebe in Bad Langensalza. Für das Inhaltspapier wurde Salzer Design White 1.5 (120g/m²) der Papierfabrik Salzer in St. Pölten (Österreich) verwendet. Die Gravuren für die Prägungen fertigte die Firma CM-Design in Offenbach. Die Strichätzung für die Vorzugsgrafik lieferte die Firma Klausmann Reprotechnik in Lahr. Klaus Raasch (Hamburg) druckte die Vorlage im Buchdruckverfahren im Hamburger Museum der Arbeit. Textauswahl, Gesamtgestaltung und Herstellung: Claus Lorenzen, Großhansdorf. Den Verlagen und sonstigen Rechteinhabern, die den Abdruck von urheberrechtlich geschützten Texten oder Übersetzungen ohne Erhebung einer Lizenzgebühr gestattet haben, sei besonders gedankt. Copyright © für die Textauswahl und Gestaltung sowie das Nachwort by Officina Ludi, Großhansdorf bei Hamburg 2022; für die abgebildeten Aquarelle: Anita Ulrich, Augsburg. Alle Rechte vorbehalten.

ISBN 978-3-946257-08-0